Praxis
für
Natur-
freunde

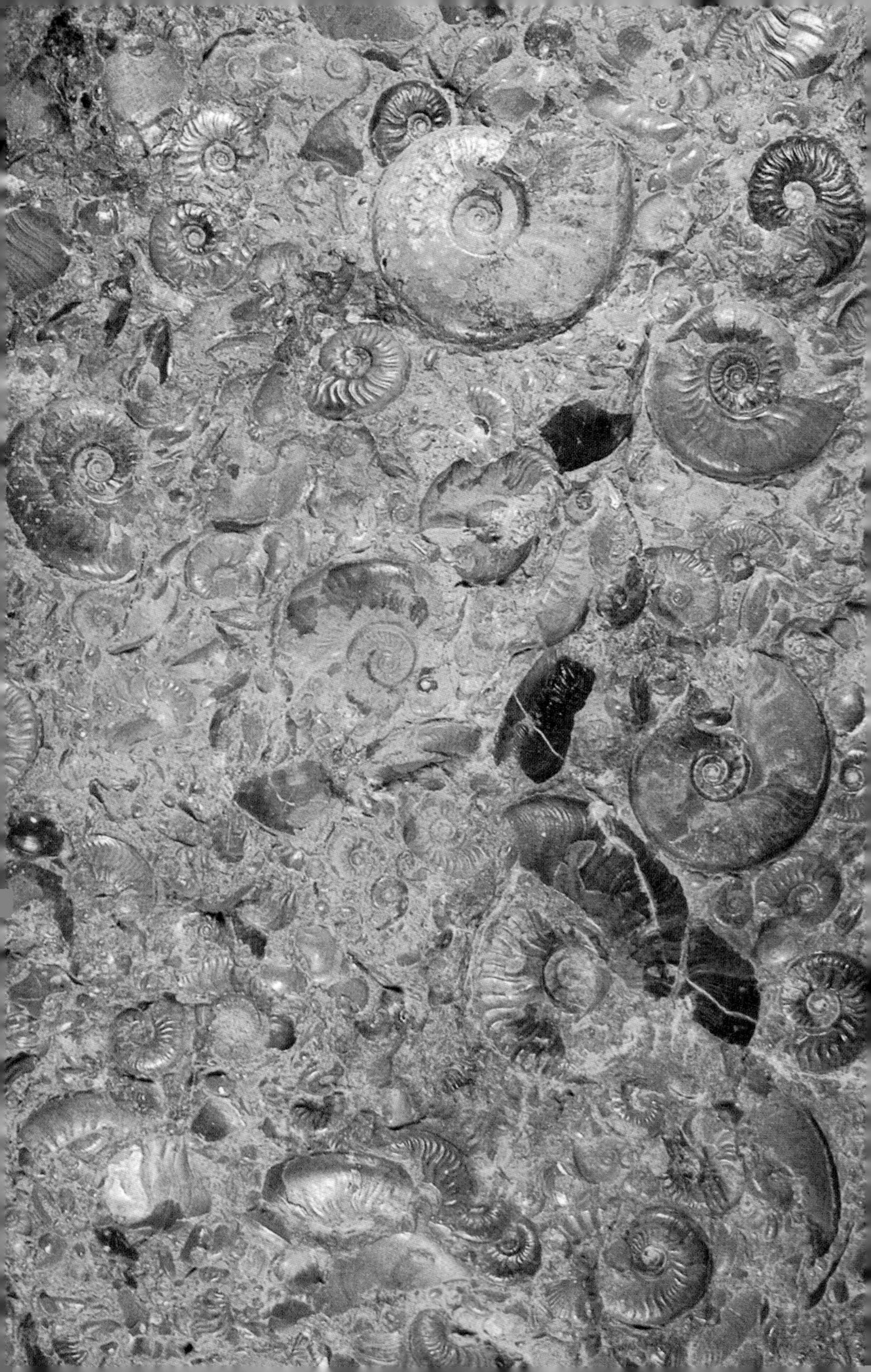

Hermann Schniepp

Versteinerungen

Suchen, Sammeln,
Präparieren

Kosmos
Gesellschaft der Naturfreunde
Franckh'sche Verlagshandlung
Stuttgart

Umschlag von Edgar Dambacher unter Verwendung einer Aufnahme von Uwe Höch

51 Abbildungen, davon 49 Aufnahmen vom Verfasser und 2 Zeichnungen von Klaus Meier
Die Fossilien, die für die Bilder 1, 2, 4, 8 – 12, 14 – 16, 34, 36, 38 – 40, 42 – 48 und 50 als Vorlagen dienten, stammen aus der Sammlung des Geologisch-Paläontologischen Instituts Tübingen

Das Werk ist in der ersten Auflage als Band 291 (III. Quartal 1976) der Reihe Kosmos-Bibliothek, in der Franckh'schen Verlagshandlung, Stuttgart, erschienen

CIP-Kurztitelaufnahme der Deutschen Bibliothek

Schniepp, Hermann
Versteinerungen : Suchen, Sammeln, Präparieren. –
3. Aufl. – Stuttgart : Franckh, 1978.
(Praxis für Naturfreunde)
ISBN 3-440-04328-2

Bild 1 (Seite 2). Platte mit Ammoniten der Gattung *Ludwigia* aus dem Braunen Jura β, Plettenberg bei Balingen.
Merkmale der Gattung *Ludwigia:* Mäßig weitnabelig, hochmündig, Sichelrippen stark sichelförmig geschwungen und gespalten, oft mit Knoten. Glatter, scharfer Kiel.

3. Auflage / 93. – 100. Tausend
Franckh'sche Verlagshandlung, W. Keller & Co., Stuttgart/1978

LH 14 hö / ISBN 3-440-04328-2 / Printed in Germany / Imprimé en Allemagne
Gesamtherstellung: Konrad Triltsch, Graphischer Betrieb, 87 Würzburg

Versteinerungen

Zur Einleitung

Die Bedeutung des Begriffs „Sammeln" hat sich im Laufe der Menschheitsgeschichte stark gewandelt. Für den urzeitlichen Menschen noch eine Existenzfrage, ist das Sammeln heute – gleichgültig, ob es sich um Briefmarken, Bilder, Bierfilze, Streichholzschachteln oder wie in unserem Falle um Fossilien handelt, in erster Linie zu einer Freizeitbeschäftigung, zu einem Hobby geworden. Sammeln ist heute für uns vor allen Dingen Selbstzweck, Freude an einer Sache; es fördert den in dem meisten von uns schlummernden – und heutzutage leider oft zu selten geforderten – „Drang zur Beobachtung", das Bestreben, etwas Neues zu erlernen und uns vorher verschlossene Dinge deuten und erklären zu können.

Dieses Buch soll dem interessierten Leser die Bekanntschaft mit der Wunderwelt der – inzwischen zu Stein gewordenen – Lebewesen vermitteln, die im Laufe der Erdgeschichte unseren Planeten bevölkert haben. Daß ein Buch dieser Größe nur einen Einstieg in ein so umfangreiches Wissensgebiet vermitteln und nur ein paar

Bild 2. Farnartige Pflanze aus der Fettkohlengruppe (*Alethopteris*) Oberstes Karbon, Zeche Bergmannsglück bei Buer (Ruhrgebiet).

Bild 3. Die Muschel *Lima striata* aus dem Oberen Muschelkalk (Trochitenkalk = mo_1) von Hallwangen bei Freudenstadt.
Merkmale: Nahezu gleichklappig, schiefoval, Schale oft nach vorn etwas verlängert, radiale Berippung.

Tips geben kann, wie man sich in diesem Neuland zu bewegen hat, steht außer Frage.

Sollte Ihr Interesse, lieber Leser, durch die Lektüre dieses Buches so geweckt worden sein, daß Sie sich etwas intensiver mit dieser Materie beschäftigen wollen, dann empfiehlt sich (in der angegebenen Reihenfolge) das Studium folgender Bücher:

H. Wegner: „Der Fossiliensammler", Ott-Verlag Thun, 1965.
E. Fraas: „Der Petrefaktensammler", Reprint, Franckh'sche Verlagshandlung Stuttgart, 1973.
A. H. Müller: „Lehrbuch der Paläozoologie", Jena, 1957

Warum eigentlich Fossilien sammeln?

Der Name Fossil (von lat. fossilis = ausgegraben), der früher für jede aus der Erde ausgegrabene Sache angewendet wurde, wird heute nur noch auf die versteinerten

Überreste aus dem Tier- und Pflanzenreich der letzten rund 1000 Millionen Jahre angewendet. Dabei ist es gleichgültig, ob es sich um eine versteinerte Muschel, einen Ammoniten, eine Schnecke, den Abdruck eines Farnblattes, um die Löcher von Bohrmuscheln aus dem Tertiär oder um die Kriechspuren eines Krebses aus der Jurazeit handelt. Sie alle stellen, wenn sie „versteinert“ gefunden werden, ein Fossil dar.

Die Wissenschaft, die sich mit den versteinerten Pflanzen- und Tierresten beschäftigt, ist die Paläontologie (von griech.: palaios = alt, ontos = Lebewesen, logos = Lehre) oder schlicht und einfach „Versteinerungslehre“, die wiederum ein wichtiges Teilgebiet der Geologie darstellt. Geologie (von griech.: ge = Erde, logos = Lehre) ist die Wissenschaft, die sich mit der Erforschung der Geschichte der Erde beschäftigt. Ihre Aufgabe: Den Werdegang der Erde von der Frühzeit des Planeten bis zum heutigen Tage zu erforschen. Ihr Ziel: Die ständig sich ändernde Verteilung der Festländer und Meere auf unserer Erde, die großen gebirgsbildenden und gesteinszerstörenden Kräfte, den Wandel des Klimas und die Entwicklung des pflanzlichen und tierischen Lebens zu erforschen. Obwohl Naturwissenschaft ist sie durch ihre Beschäftigung mit der Vergangenheit gleichzeitig auch eine historische Wissenschaft und als solche – genau wie die (Menschheits-)Geschichte – auf Urkunden, auf Zeugnisse der Vergangenheit angewiesen.

Diese Urkunden früherer Zeiten sind für den Geologen die Gesteine, die unsere Erdkruste aufbauen. Und vielleicht ist es für Sie – lieber Leser – einmal ganz interessant zu sehen, welche Aussagekraft eine solche „geologische Urkunde“, ein simples Stück Gestein, besitzt. Vielleicht gelingt es auch, mit diesem Beispiel Ihr Interesse für das „Sammeln von Fossilien“ zu wecken, die über die reine Freude an den oft bizarren oder „einfach schönen“ Formen der Versteinerungen hinausgeht.

Nehmen wir einmal an, Sie finden auf einer Ihrer Wanderungen ein Stück Jurakalk mit versteinerten Ammoniten, die in etwa den Ammoniten in Bild 4 ähneln. Zuerst werden Sie sich einmal riesig freuen: über Ihr Sammlerglück und über die geradezu klassische Schönheit der Versteinerungen. Wenn Sie dann aber erkannt haben, welch aussagekräftiges erdgeschichtliches Dokument Sie mit einem solchen Fundstück in Händen halten, dann wird aus dem „Zufalls-“ bestimmt bald ein passionierter Hobby-Sammler werden.

Die Paläontologie sei für den Laien viel zu schwierig, meinen Sie? Keineswegs! Mit gesundem Menschenverstand, etwas detektivischem Spürsinn (wer hat den nicht im Zeitalter des „totalen Fernsehens“?) und einer kleinen Gebrauchsanleitung, die Ihnen dieses Buch vermitteln soll, lassen sich schon ganz beachtliche Ergebnisse erzielen.

Versuchen wir aber einmal gemeinsam, unseren Fund auszuwerten! Beginnen werden wir bei unserer Bestandsaufnahme mit ziemlicher Sicherheit fast immer mit dem optisch Eindrucksvollsten, mit den Fossilien selbst. Um hier eine gültige Aussage machen zu können, reicht allerdings der gesunde Menschenverstand allein nicht aus, denn wer die Versteinerungen nicht als Ammoniten identifizieren kann, muß sich wohl oder übel mit der „Freude an der Form“ begnügen. Aber wer von uns erkennt einen Ammoniten nicht als solchen, nachdem eine bekannte Porzellanfabrik sogar schon dazu übergegangen ist, ihre Produkte zum Teil mit Ammonitenmotiven zu verschönern.

In jedem besseren Lexikon finden Sie jetzt unter dem Stichwort Ammoniten neben allen möglichen klugen Dingen den für unsere Untersuchung so wichtigen Hinweis, daß es sich hier um Lebewesen handelt, die bis vor etwa 70 Millionen Jahren die Meere bevölkerten (siehe dazu auch S. 63 ff.).

Auf diese Weise könnten wir also zu dem ersten – schon sehr wichtigen – Ergebnis gekommen sein: Ammoniten sind Meerestiere, folglich kann der Kalkstein, in dem

Bild 4. Die Ammoniten *Perisphinctes* (*Orthosphinctes*) *virgulatus* und *Taramelliceras flexuosum pinguis*. Weißjura β, Grat bei Laufen.
Merkmale der Gattung *Perisphinctes:* Über die Außenseite hinwegstreichende Rippen, weitnabelig, scheibenförmig, Rippen radial oder außen vorgeschwungen, auf der äußeren Hälfte der Flanke sich teilend.
Merkmale der Gattung *Taramelliceras:* Engnabelig, hochmündig, dick scheibenförmig. Kräftige, gespaltene Sichelrippen mit Randknoten.

man einen versteinerten Ammoniten findet, nur in einem Meer gebildet worden sein! Es gibt noch eine Möglichkeit, um als Laie zu diesem Ergebnis zu kommen: Vielleicht erinnern Sie sich an eine Sendung von Jacques-Yves Cousteau, die 1973 über die Fernsehschirme flimmerte. Es war eine gekonnt gemachte Sendung über den Nautilus (Bilder 5 und 6), ein Tier, das heute noch in den tropischen Meeren zu finden ist und das – obwohl kein direkter Nachkomme der Ammoniten – als „Verwandter" so viele gemeinsame Merkmale mit dieser schon längst ausgestorbenen Ordnung aufweist, daß wir – ohne uns auf wissenschaftliches Glatteis zu begeben – ohne weiteres feststellen können, daß Lebensweise und Umwelt der Ammoniten in etwa der der heute noch lebenden Nautiliden geglichen haben dürften. Sind wir zu dieser Schlußfolgerung gekommen, dann haben wir unbewußt eine Methode angewendet, die in der Geologie eine ganz entscheidende Rolle spielt, das sogenannte „Aktualistische Prinzip". Das klingt furchtbar kompliziert, besagt aber nur, daß man von der (Er-) Kenntnis der Vorgänge der Gegenwart auf die Vorgänge in der Vergangenheit schließt. Anders ausgedrückt: Warum soll ein weißer Kalk vor hundert Millionen Jahren unter anderen Bedingungen entstanden sein als ein weißer Kalk heute; oder – um bei unserem Ammonitenbeispiel zu bleiben – warum sollen die Ammoniten unter grundsätzlich anderen Bedingungen gelebt haben als ihre heute noch lebenden Verwandten, die Nautiliden?
Nach der aktualistischen Methode können wir jetzt auch unsere weitere Untersuchung vornehmen. Wer in Gebieten mit „hartem Wasser" wohnt, der weiß, daß die Ausscheidung von Kalk, von Kesselstein, mit steigender Temperatur zunimmt. Kalkausscheidungen in größeren Mengen beobachten wir deshalb heute vor allem in den seichteren Regionen tropischer Meere, weil nur dort (bedingt durch das Klima und die geringere – und dadurch leichter zu erwärmende – Wassertiefe) die Temperaturen erreicht werden, bei denen sich Kalk unmittelbar ausscheiden kann.
Ergebnis Nummer zwei ist also: Unser Jurakalk wurde in einem Flachmeer während einer nicht unbedingt tropischen, aber doch recht warmen Klimaperiode ausgeschieden.
Eine weitere interessante Beobachtung: Unser Fundstück besteht aus fast reinem,

Bilder 5 und 6. Gehäuse von *Nautilus pompilius*, einem noch heute im Indischen Ozean vorkommenden „lebenden Fossil". Besondere Kennzeichen: Weiße, rostrot geflammte Schale und deutlich zu erkennende Anwachsstreifen. Die Nautiliden gehören zum Stamm der Weichtiere (Mollusca), deren Weichkörper von keinen Hartteilen gestützt, sondern von einer Kalkschale umschlossen wird, und von denen vor allem die Klassen der Muscheln (Lamellibranchiata), der Schnecken (Gastropoda) und der Kopffüßer (Cephalopoda) wichtige Leitfossilien liefern.
Auf Bild 6 ist gut zu erkennen, daß die Schale durch in regelmäßigen Abständen aufeinander folgende, nach hinten konvex gewölbte Kammerwände oder Septen in zahlreiche – nicht vom Weichkörper erfüllte – „Gaskammern" geteilt ist. Nur im letzten Abschnitt der Schale – der Wohnkammer – befindet sich der Weichkörper. Die einzelnen Gaskammern sind durch den Sipho, eine häutige Röhre, miteinander verbunden. Der Schnitt der Gehäusewand mit der Septalwand, die Lobenlinie, macht in der Stammesgeschichte der Cephalopoden eine Entwicklung zu immer komplizierteren Formen durch, siehe Seite 57 ff.

weißem Kalk. Wenn wir uns erinnern, wieviel Feststoffe von den Flüssen in die Meere verfrachtet und dort abgelagert werden, dann bleiben nur noch zwei Möglichkeiten:

1. „Unser“ Kalk wurde nicht in Küstennähe gebildet.
2. Die Kalkausscheidung erfolgte in einem Bereich eines Flachmeeres, in einem Strandsee oder in einer Lagune ohne größere Zuflüsse.

Wir sind mit unserer Auswertung aber noch nicht am Ende. Nehmen wir an, unser Fundort liegt in einer Höhe von – sagen wir – 750 Metern. Die erste Möglichkeit, daß der Meeresboden schon immer in dieser Höhe lag, können wir getrost beiseite schieben, denn wohin soll das Wasser „verschwunden“ sein? Einzig mögliche Erklärung also: die Gesteine wurden nach ihrer Entstehung durch gebirgsbildende Kräfte um 750 oder mehr Meter gehoben.

Haben Sie Geschmack an unserer geologischen Detektivarbeit gefunden? Dann wollen wir uns an einem weiteren Beispiel versuchen. Nehmen wir einmal an, Sie haben Glück und finden im Gelände eine Stelle, wo die Gesteinsschichten des obersten Buntsandsteins noch von Gesteinen des unteren Muschelkalks überlagert werden. Augenfälligstes Merkmal wäre dann eine auffällige Änderung der Gesteinsfarbe. Unten die rotgefärbten Sandsteine und Letten des Buntsandsteins, darüber die grauen bis graugrünen mergeligen Kalke des unteren Muschelkalks, die aufgrund ihres Fossilinhalts eindeutig in einem Meer entstanden sein müssen (siehe dazu auch Formationstabelle S. 14 – 17).

Fossilien werden Sie in den roten Gesteinen trotz eifrigen Suchens kaum finden, aber man weiß (aktualistische Methode!), daß sich die Oxide des dreiwertigen Eisens (Fe_2O_3) nur in einem Trockenklima, also unter ausgesprochen ariden Bedingungen bilden können. (Im feuchten Klima, zum Beispiel im Wasser, bilden sich Verbindungen des zweiwertigen Eisens – und die haben eine grüne bis blaugrüne Farbe.)

Sie sehen, zwei einfache und ohne allzu große geologische Vorbildung zu machende Feststellungen, mit denen wir aber ein klein wenig Licht in das Dunkel von einigen Millionen Jahren Erdgeschichte bringen können: Eine Wüste mit rotem Sand, vielleicht sogar mit Dünen und Staubstürmen, trocken, lebensfeindlich – und dann ein allmählich über diese Wüste vordringendes und das einstmals „tote Gebiet“ mit reichem Leben erfüllendes Flachmeer!

Fassen wir das bisher Gesagte zusammen: Versteinerte Lebensspuren – Fossilien – sind erdgeschichtliche Dokumente, die uns Rückschlüsse über die Vergangenheit unserer Erde ermöglichen, das „aktualistische Prinzip“ dabei eine Arbeitsmethode, mit der es gelingt, auch Vorgänge, die sich vor Hunderten von Millionen Jahren abspielten, zu deuten, zu analysieren.

Fossilien als relatives Zeitmaß

Wer schon einmal in einem geologischen Sachbuch geblättert hat, der weiß, daß allein die im Laufe der Erdgeschichte in den Urmeeren (Geosynklinalen) und auf den Festländern gebildeten Schichten der Ablagerungs-(Sediment-)gesteine, die (wie wir gleich sehen werden) als einzige Gesteine für die Fossilsuche in Frage kommen, aufeinandergetürmt eine Mächtigkeit von mehreren tausend Metern erreichen würden. Lassen Sie sich von diesen Zahlen aber nicht abschrecken, denn (mit fortschreitender Spezialisierung als Fossiliensammler werden Sie es vielleicht noch bedauern) nicht in jeder Schicht dieser Sedimentgesteine werden Sie Fossilien finden!
Um diese mächtige Gesteinsabfolge besser untersuchen und in der richtigen zeitlichen Abfolge einordnen zu können, hat man sie in Erdzeitalter und Formationen unterteilt. Kriterien für diese Einteilung sind die Fossilfunde und das für alle lebenden Organismen typische Merkmal, daß sie sich ständig weiterentwickeln und daß diese Entwicklung grundsätzlich nicht umkehrbar ist. Anders ausgedrückt: Jeder Abschnitt der Erdgeschichte – damit auch die ihm entstammenden Sedimentgesteine – ist durch eine vorher noch nie dagewesene und auch nie wiederkehrende Entwicklungsstufe des Lebens gekennzeichnet.
Wir wollen uns dieses Naturgesetz an einem Beispiel aus unserer eigenen Entwicklungsgeschichte klarmachen. Bild 7 zeigt den Schädel eines Neandertalers, der vor etwa 100 000 Jahren gelebt hat und einen Schädel des heute noch lebenden „Homo sapiens". Die auffallendsten Merkmale des Neandertalerschädels: starke Augenwülste, flache Stirnpartie, weit ausladender Hinterkopf und ein vorspringendes, stark ausgeprägtes Gebiß. Der Schädel des „Homo sapiens": zurückgebildete Kinnpartie, hohe Stirn, stark gewölbte Schädeldecke und nur noch wenig ausladender Hinterkopf. Die Gründe für die auf der jeweiligen Entwicklungsstufe typischen Schädelmerkmale:

1. Der Urmensch war gerade erst dabei, sich mit dem Feuer und den damit verbundenen zahllosen Annehmlichkeiten des Alltags vertraut zu machen. Vor Gebrauch des Feuers mußte die ganze Nahrung – auch das Fleisch der erlegten Tiere – roh gegessen werden; eine Schwerstarbeit, die ohne entsprechend kräftige Kaumuskulatur gar nicht bewältigt werden konnte. Durch den Gebrauch des Feuers konnten die Speisen weichgekocht werden, das Gebiß bildete sich allmählich auf die heutige Form zurück.
2. Die Vorfahren dieser Steinzeitmenschen schlichen noch „auf allen Vieren" durch die Lande. Versuchen Sie einmal spaßeshalber, „Gesicht nach vorn" einige Minuten „auf allen Vieren" zu verharren, und Sie können vor lauter Muskelkater in den nächsten Tagen Ihr teures Haupt bestimmt kaum mehr bewegen. Der Grund: unsere für eine solche inzwischen unnormale Körperhaltung zu schwach entwickelte Nackenmuskulatur. Mit einem ausladenden Hinterkopf konnte dies

Tabelle 1: Formationstabelle

Zeitalter	Formation	Unter-Formation	Beginn vor Millionen Jahren	Vorgänge in und auf der Erdkruste	Tier- und Pflanzenwelt
Erdneuzeit oder Känozoikum	Quartär	Holozän (Alluvium)		Das Erdbild nimmt sein heutiges Aussehen an; die vom Eis entlasteten Gebiete steigen z. T. noch heute langsam auf.	Säugetiere nehmen die wichtigste Stellung in den quartären Ablagerungen ein. Nagetiere (Rodentier), Fleischfresser (Carnivoren), Unpaarhufer (Pferde u. a.) und Paarhufer (Wisent, Hirsch, Elch u. a.), Rüsseltiere (Proboscidier) und als höchste Entwicklungsstufe der Mensch. (Pleistozän: Ältere Altsteinzeit = Altpaläolithikum mit Homo sapiens neanderthalensis) und Jüngere Altsteinzeit (Jungpaläolithikum mit Homo sapiens sapiens.) Holozän: Mittelsteinzeit (Mesolithikum) – Jungsteinzeit (Neolithikum) – Metallzeit, die zu der durch Urkunden belegten geschichtlichen Zeit überleitet.
		Pleistozän (Diluvium)		Infolge Temperaturerniedrigung und vermehrter Niederschläge bedecken sich in höheren Breiten weite Gebiete mit großen Eismassen, die sedimentbildend, landschaftsformend und klimaverändernd wirken.	
	Tertiär	Jungtertiär	60	Höhepunkt der alpiden Gebirgsbildung. Die Pyrenäen, Alpen, Karpaten, der Apennin, Atlas, Balkan, Kaukasus und die Hochgebirge Zentralasiens entstehen.	Wendepunkt in der Entwicklung der Tierwelt: Saurier sind Ende der Kreidezeit ausgestorben, desgleichen die Ammoniten. Wichtig in den marinen Ablagerungen sind Großforaminiferen (Nummuliten), Muscheln und Schnecken. Säugetiere in den Meeren: Wale (Cetaceen) und Seekühe (Sirenen). Große Formenfülle der Säugetiere auf dem Festland. Weiter Insekten und Vögel. Angiospermen nehmen weiter an Bedeutung zu.
		Alttertiär		In den Vortiefen der Gebirge Sumpfmoorwälder, die das Material für mächtige (Braun-)Kohlenflöze liefern.	
Erdmittelalter oder Mesozoikum	Kreide	Oberkreide	130	Das Meer erreicht seine größte Ausdehnung während der Erdgeschichte. Die Kernzonen der Alpen und Dinariden falten sich auf. In Nordamerika entsteht das Felsengebirge, in Südamerika entstehen die Anden.	Foraminiferen mit großem Formenreichtum, weiter Muscheln, Kieselschwämme, Ammoniten, Belemniten, Seelilien und Seeigel. Reptilien, insbesondere die Landsaurier mit den gewaltigsten Formen, bevor sie am Ende der Kreidezeit aussterben. Erste höhere Vertreter der Säugetiere in der Oberkreide (Placentalier, Marsupialier). Sich anbahnender Wechsel in der Pflanzenwelt durch Aufkommen der Angiospermen (Bedecktsamer).
		Unterkreide		Meeresrückzug am Ende der Kreide. Amerika, Afrika, Madagaskar und Vorderindien nehmen etwa ihre heutige Gestalt an.	

Zeitalter	Formation	Unter-Formation	Beginn vor Millionen Jahren	Vorgänge in und auf der Erdkruste	Tier- und Pflanzenwelt
Erdmittelalter oder Mesozoikum	Jura	Weißer Jura (Malm) Brauner Jura (Dogger) Schwarzer Jura (Lias)	165	Weite Räume sinken ab und werden vom Meer überflutet. Beginn der Auffaltung der Kordilleren in Nordamerika	Pflanzenwelt noch immer vorwiegend aus Nacktsamern (Gymnospermen) und höheren Sporenpflanzen (Pteridophyten). Tierwelt: Aufschwung der Wirbeltiere. Herrschaft der Reptilien auf dem Festland, im Meer (Ichthyosaurier = griech. Fischechse und Sauropterygier) und in der Luft. Urvogel Archaeopteryx in den Solnhofener Plattenkalken. Säugetiere noch relativ selten (Hundegröße). Fische im oberen Lias (Posidonienschiefer) und oberen Malm (Solnhofener Plattenkalke). Blütezeit der Ammoniten, die sich durch Formenreichtum, rasche Fortentwicklung und Kurzlebigkeit auszeichnen und zu den Leitfossilien im Jura werden. Weiter Belemniten, Muscheln, Brachiopoden, Krebse, Insekten, Seeigel, Schwämme usw.
	Trias	Keuper Muschelkalk Buntsandstein	185	Abtragung des Variszischen Gebirges und Ablagerung des Abtragungsschuttes in den Geosynklinalen.	Wichtig in den Meeren sind Muscheln, Brachiopoden und Ammoniten. Weiter Seelilien (Crinoiden), Seeigel (Gattung: Cidaris). Bei den Fischen nach dem Aussterben der paläozoischen Formen vor allen Dingen Strahlenflosser (Actinopterygier). Reptilien mit großer Formenfülle: Saurier (= in den Meeren und auf dem Festland), Eidechsen, Krokodile, Schlangen und Schildkröten. Weiterentwicklung der Nacktsamer (Gymnospermen).
Erdaltertum oder Paläozoikum	Perm	Zechstein Rotliegendes	210	Ausbildung der Tethys, Auffaltung des Urals, lebhafter Vulkanismus in den Gebieten der variszischen Gebirgsbildung. Abtragung des Variszischen Gebirges.	An der Wende Rotliegendes/Zechstein Übergang der Vorherrschaft der höheren Sporenpflanzen auf die Nacktsamer (= Gymnospermen = Cordaiten, Coniferen). Foraminiferen weiter als Leitfossilien wichtig: die meisten paläozoischen Formen sterben am Ende des Perms aus. Schwämme und Korallen, örtlich als Riffbildner. Ammoniten auch im Perm Leitfossilien. Trilobiten sterben aus.

Zeitalter	Formation	Unter-Formation	Beginn vor Millionen Jahren	Vorgänge in und auf der Erdkruste	Tier- und Pflanzenwelt
Erdaltertum oder Paläozoikum	Karbon	Oberkarbon Unterkarbon	265	Variszische Gebirgsbildung. In den Rand- und Innensenken der neu entstandenen Gebirge bilden sich (Stein-)Kohlenlager. Reger Vulkanismus in den Gebieten der variszischen Gebirgsbildung.	Kennzeichnend ist ein gewaltiger Aufschwung der Pflanzenwelt: Höhere Sporenpflanzen (Bärlappgewächse, Farne, Schachtelhalme) erreichen Baumgröße. Weiter Nacktsamer (Gymnospermen). Urtiere (Protozoen) treten erstmals in großer Menge gesteinsbildend auf. Wichtig vor allen Dingen Foraminiferen (Fusulinen). Weiter Korallen, Brachiopoden, Muscheln, Ammoniten, die mit den Goniatiten wichtige Leitfossilien liefern. Insekten erobern den Luftraum und aus den Amphibien entwikkeln sich im obersten Karbon die Reptilien.
	Devon	Ober-Devon Mittel-Devon Unter-Devon	320	Nord- und Osteuropa sind durch die Kaledonische Gebirgsbildung mit Amerika zu einem Groß-Kontinent (Old Red) verbunden. Ausbildung der variszischen Geosynklinale. Lebhafter Magmatismus.	Festland wird endgültig von Pflanze und Tier erobert. Auf die Psilophyten folgen im Mitteldevon die höheren Sporenpflanzen (Pteridophyten), die bald Baumgröße erreichen. Wirbeltiere beginnen im Oberdevon das Festland zu erobern. Panzerfische (Placodermen), Haie (Selachier), Quastenflosser mit verknöchertem Innenskelett (Crossopterygier). Brachiopoden übernehmen zunächst die Rolle der Leitfossilien; ab Mitteldevon sind es dann bis zum Ende der Kreidezeit in den marinen Ablagerungen die Ammoniten.
	Silur	Gotlandium Ordovizium	360 440	Weiträumige Senkungen und Meeresüberflutungen. Auffaltung der Appalachen beginnt; in Europa am Ende des Silurs die Auffaltung der „Kaledonischen Alpen", das Ureuropa um Teile des skandinavischen Bereichs und um den englischen Bereich erweitert. Lebhafter Magmatismus.	Auftreten des noch fehlenden Stammes der Wirbeltiere, vertreten durch Fische mit einem Skelett aus Knorpelsubstanz. Nacktpflanzen (Psilophyten) verlassen im obersten Silur das Meer und erobern das Brackwasser sowie die feuchteren Bezirke des festen Landes (Seen, Teiche, Tümpel). Graptolithen (Graptolith = Schriftstein) werden wichtige Leitfossilien für die Meeresablagerungen. Trilobiten (im Kambrium im Schiefer) finden sich jetzt mehr in den Kalken und Mergeln. Weitere Tiere: Riesenkrebse (Gigantostraken) und von den Cephalopoden (Kopffüßlern), Nautiliden usw. Weiter noch Schnekken (Gastropoden), Muscheln (Lamellibranchiaten) und Brachiopoden (Armfüßler).

Zeitalter	Formation	Unter-Formation	Beginn vor Millionen Jahren	Vorgänge in und auf der Erdkruste	Tier- und Pflanzenwelt
Erdaltertum oder Paläozoikum	Kambrium	Ober-Kambrium	520	Ausbildung der Kaledonischen Geosynklinale.	Explosive Entfaltung der Lebewelt zu Beginn des Kambriums. Alles Tier- und Pflanzenleben spielt sich noch im Meer ab. Abgesehen von den Wirbeltieren sind bereits alle Stämme des Tierreichs vertreten. Pflanzen: Kalkalgen z. T. gesteinsbildend. Tiere: Trilobiten, die auch die wichtigsten Leitfossilien liefern, Archäocyathiden (schwammähnliche Formen), Brachiopoden (Armfüßler), Würmer und von den Weichtieren (Molluscen): Volborthella (Kopffüßler), Hypolithes (Schnecke), weiter Medusen, Schalenkrebse, Pfeilwürmer, Seegurken und andere primitive Stachelhäuter.
		Mittel-Kambrium			
		Unter-Kambrium			
Erdfrühzeit oder Proterozoikum	Präkambrium	Jung-Algonkium	etwa 700		Riffbauende Blaualgen (Collenia und Newlandia), Radiolarien, Würmer, Brachiopoden. Organismenreste, die vermutlich von Krebsen stammen.
		Alt-Algonkium	etwa 1000	Ausbildung der Urkontinente und Urozeane.	Noch spärliche organische Reste: Kieselschwammähnliche Atikokania in den Steeprockschichten in Kanada, Carelozoon jatulicum, ein korallenartiges Gebilde in der jatulischen Formation Finnlands.
		Archaikum	etwa 2000		Anfangs keine, am Ende undeutliche Lebensspuren in Form graphitischer Schiefer (Blaualgen?).
		Erdurzeit (Azoikum)		Entstehung der Erde	

Bild 7 (links). Schädel eines Neandertalers (Nachbildung, unten) aus der Altsteinzeit (Altpaläolithikum) und der Schädel eines „modernen“ Menschen (oben).
Bild 8 (oben). Trilobit *Calymene blumenbachi* aus dem Silur. Fundort Dudley, Großbritannien.
Die Trilobiten (Dreilappkrebse) – Verwandte der Spinnentiere, obwohl in Lebensweise und Gesamtform den Krebsen ähnlich – sind ausschließlich auf das Paläozoikum beschränkt und bilden die wichtigsten Leitfossilien des Kambriums. Ihr Panzer zeigt eine deutliche Dreigliederung in Länge und Quere. Länge: Kopf, Rumpf (Thorax), Schwanzschild (Pygidium). Quere: Thorax mit Segmenten und Spindel, die sich auf dem Kopfschild zur sog. Glabella (Glatze) erweitert. Wichtige Veränderungen im Laufe der Entwicklungsgeschichte der Trilobiten: 1. Abnehmende Zahl der Thoraxsegmente; 2. Allmähliche Vergrößerung des Schwanzschildes bis zur Größe des Kopfschildes.
Merkmale der Gattung Calymene: Kopfschild mit Randsaum, keine Wangenstacheln, Glabella deutlich umgrenzt mit Seitenfurchen.

nicht passieren, denn an ihm konnten ausreichend Muskelpartien ansetzen, um den Kopf in dieser Stellung zu halten. Mit dem Aufrichten auf die Hinterextremitäten verschwand auch die Forderung nach viel Nackenmuskulatur. Der Hinterkopf konnte sich allmählich auf die heutige Form zurückbilden – und die Schädeldecke wölbte sich – „befreit von Zug und Zwang“ – auf. (Weitere Beispiele auf den Bildern 9 – 11 und 43 – 45.)

Anfang und Ende eines Erdzeitalters werden durch das Auftreten bzw. Aussterben charakteristischer Tierstämme gekennzeichnet, die während dieses Zeitabschnitts die Meere und später auch die Festländer und den Luftraum beherrschten.
Es lassen sich so zuerst einmal vier Erdzeitalter voneinander abtrennen:

Bild 9 (oben). *Orthoceras dannenbergii,* Devon, Chimay, Belgien.
In den Bildern 9, 10 und 11 haben wir drei gute Beispiele für die auf S. 58 erwähnte allmähliche Aufrollung der Cephalopodengehäuse, die wir sowohl bei der Ordnung Nautiloidea (unsere Bilder) als auch bei der Ordnung Ammonoidea beobachten können.
Merkmale der Gattung *Orthoceras:* Gekammerte Schale, geradegestreckt, dünner, zentral gelegener Sipho, groß, schlank, glatt oder einfache Anwachsstreifen.
Bild10 (rechts oben). *Trochoceras sanbergeri.* Ordovizium E_2. Merkmale: Umgänge des nahezu spiral eingekrümmten Gehäuses nehmen rasch an Dicke zu und sind mit schiefen Rippen sowie dazwischen liegenden feinen Streifen bedeckt.
Bild 11 (rechts unten). *Lituites angulatus.* Ordovizium, Porsburg, Norwegen. Merkmale: Gekammerte Schale, ganz oder teilweise spiral eingerollt, Endteil geradegestreckt.

Das Proterozoikum (Erdfrühzeit), in dem sich das Wunder der Entstehung des Lebens vollzog, wo aber deutlich erkennbare Spuren primitiver Meereslebewesen erst in den am Ende des Erdzeitalters gebildeten Gesteinsschichten zu finden sind.
Das Paläozoikum oder Erdaltertum, an dessen Beginn sich die Lebewelt überraschend reich entfaltete (Fossilreichtum der in den Meeren gebildeten Gesteine) und dessen Ende durch das Erlöschen bis dahin beherrschender Tiere und Pflanzen gekennzeichnet ist.
Das Mesozoikum oder Erdmittelalter, in dem die Reptilien – die Saurier – die Meere, das Festland und den Luftraum beherrschten und die Ammoniten endgültig zum wichtigsten Leitfossil in den Meeresablagerungen werden.
Das Känozoikum (Erdneuzeit), in dessen Gesteinsschichten die Ammoniten plötz-

Bild 12 (oben). *Desmograptus plexus,* Silur, Dlonka Lhota, Nordamerika. Der abgebildete *Desmograptus* ist ein Vertreter der Graptolithen (Graptolith = Schriftstein), Kolonien und Stöcke ästig verwachsener zylindrischer Zellen. Graptolithen sind das wichtigste Leitfossil der silurischen Schiefer und gehen im Laufe ihrer Entwicklungsgeschichte von vielästig verzweigten Stöcken allmählich in acht-, dann vier-, zweiästige, einästige und schließlich einzeilig besetzte Formen über. Sie sterben am Ende des Paläozoikums aus.
Bild 13 (rechts). Kreislauf der Gesteine (siehe auch die Tabellen 2 – 4).

lich fehlen und in dem nun eine rasche Entwicklung der Säugetiere erfolgt, die dann auch mit der „Krone der Schöpfung“ (dem Menschen) das alles beherrschende Lebewesen auf unserem Planeten stellen.

Diese Erdzeitalter wiederum werden in eine Reihe von Zeitabschnitten unterteilt, die sich durch Veränderungen innerhalb der Lebewelt, durch Änderung der Umweltbedingungen usw. voneinander abgrenzen lassen.

Je gründlicher und wissenschaftlicher die geologischen Untersuchungen werden sollen, desto mehr ist eine Untergliederung in „Unterformationen“ und „Unterformationen von Unterformationen“ (Zone, Subzone) notwendig. Für unsere Zwecke genügt aber die auf den Seiten 14 bis 17 angegebene Formationstabelle.

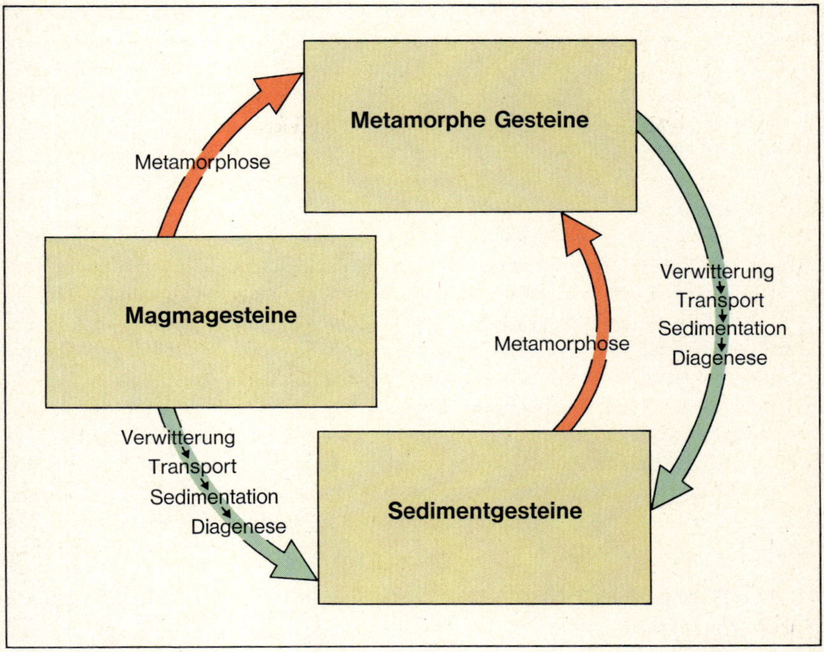

Wie entstehen Fossilien?

In welchen Gesteinen sind Fossilien zu erwarten?

Schon im vergangenen Kapitel wurde darauf hingewiesen, daß nicht einmal in allen Sedimentgesteinen Fossilien zu erwarten sind. Die Suche nach versteinerten Lebensspuren ist ganz sicher auch in Gesteinen erfolglos, die gebildet wurden, als die Erde noch glutflüssig war – erfolglos auch in Gesteinen, die bei vulkanischen Vorgängen seit dem Proterozoikum aus den glutflüssigen Zonen der Erde aufgestiegen und in den obersten Bereichen der Erdkruste oder an der Erdoberfläche erstarrt sind. Entscheidend für das heutige Aussehen dieser Gesteine war, wo sie erstarrten. Eine Gesteinsschmelze von exakt der gleichen Zusammensetzung kann nämlich – je nach Erstarrungsgeschwindigkeit – ein völlig anderes Aussehen, eine andere Struktur haben. Ein Austritt an der Erdoberfläche (wir bezeichnen diesen Vorgang als Vulkanismus) bedeutet, daß die Schmelze sehr schnell erstarrt. Sie wird regelrecht abgeschreckt, die aus ihr gebildeten Mineralien haben keine Zeit, größere Kristalle zu bilden, und wir erhalten ein feinkörniges Ergußgestein. Erstarrt die gleiche Schmelze unterhalb der Erdoberfläche ganz allmählich (wir sprechen in einem solchen Fall von Magmatismus oder Plutonismus), dann haben die einzelnen Mineralien mit ihren verschieden hohen Erstarrungspunkten Zeit, sich auszuscheiden. Ein grobkristallines Tiefengestein entsteht. Granit (Tiefengestein) und Quarzporphyr (Ergußgestein) sind ein typisches Beispiel für in ihrer Zusammensetzung gleiche, in der Struktur aber stark voneinander abweichende Gesteine (siehe Bild 13: „Kreislauf der Gesteine").

Bei großen Gebirgsbildungen (Orogenesen) konnte es passieren, daß Sedimentgesteine (auch Magmagesteine) in tiefere Bereiche der Erdkruste gelangten und durch die dort herrschenden höheren Drücke und Temperaturen eine Umwandlung, eine Metamorphose durchmachten. Aus einem Kalk wurde so ein Marmor, aus einem Sandstein ein Quarzit, aus einem Tonschiefer ein Gneis. Auch sie alle enthalten – wie alle übrigen „metamorphen Gesteine" – keine Fossilien!

Sie sehen, lieber Leser, das für unsere Fossilsuche in Frage kommende Gesteinspaket wird allmählich immer übersichtlicher. Wenn wir jetzt aus der noch verbleibenden Gruppe der Sedimentgesteine alle Schichten aussortieren, die fossilleer oder (etwas vorsichtiger ausgedrückt) wahrscheinlich fossilleer sind, dann dürfte das Kapitel „fossilführende Gesteine" etwas überschaubarer werden. Der nächste Punkt, der deswegen geklärt werden muß:

In welchen Sedimentgesteinen sind Fossilien am ehesten zu erwarten?

Um eine Antwort auf diese Frage zu finden, müssen wir uns zuerst einmal klarmachen, welche Voraussetzungen erfüllt sein müssen, damit sich ein Fossil bilden kann. Sie erinnern sich bestimmt noch an den Hinweis auf Seite 20, daß zu Beginn des Paläozoikums eine geradezu explosive Entwicklung der Lebewelt zu beobachten war. Während in den präkambrischen Gesteinen allenfalls – meist schwer zu identifizierende – kohlige und graphitische Substanzen vorkommen, finden sich in den kambrischen Gesteinen eine solche Fülle gut erhaltener, gut zu erkennender, aber auch schon so hoch entwickelter Lebewesen, daß man in der Annahme nicht fehl geht, daß die Entwicklung des Lebens von den ersten Anfängen bis zum Beginn des Kambriums mindestens genauso lange gedauert hat wie die weitere Entwicklung vom Kambrium bis heute.

Die Gründe für den plötzlichen Fossilreichtum?

1. Die jetzt gebildeten Gesteine sind jünger, die eventuell enthaltenen Fossilien dadurch besser erhalten.
2. Das ist die einleuchtendere Erklärung: Die Tiere haben in dieser Zeit feste Schutzskelette und andere „erhaltungsfähige Reste" erworben, die den vorkambrischen Lebewesen noch gefehlt hatten.

Tabelle 2: Magmagesteine						
Tiefengesteine		Granit	Syenit	Diorit	Gabbro	Peridotit
Ergußgesteine	alt	Quarz-porphyr	Orthoklas-porphyr	Porphyrit	Diabas Melaphyr	Pikrit
	jung	Liparit	Trachyt	Andesit	Basalt	

Tabelle 3: Sedimentgesteine	
1. Trümmergesteine oder klastische Sedimente:	Brekzie, Konglomerat, Sandstein, Arkose, Quarzit, Grauwacke, Schieferton, Tonschiefer
2. Chemische Sedimente:	Kalk, Dolomit, Kieselgestein, Phosphorite, Salzgesteine
3. Organische Sedimente:	Kohlengesteine, Bitumenbildungen, Harze

Tabelle 4: Metamorphe Gesteine		
Ausgangsgesteine		→ Metamorphe Gesteine
Sedimentgesteine	Magmagesteine	
Sandsteine	Quarzgänge	Quarzite
Tonige Sandsteine, Arkosen, Grauwacke	Granite, Quarzporphyre, Liparite	Gneis, Leptit, Hälleflinta, Granulit
Sandige Tone	Granodiorite Plagiophyre	Biotitgneis, Glimmerschiefer, Phyllit
Tone	Diorite, Porphyrite, Andesite	Hornblendegneis, Aluminiumsilikatgneise, Augitgneise, Glimmerschiefer
Mergelton	Gabbros, Diabase, Basalte	Amphibolit, Grünschiefer, Eklogit, Glaukophanschiefer
Mergel	Peridotite, Pikrite	Olivinfels, Pyroxenfels, Amphibolschiefer, Chloritschiefer, Talkschiefer, Serpentin
Kalkstein, Dolomit		Marmore

An dieser Stelle sei auch gleich der Hinweis erlaubt, daß sich während des ganzen Kambriums alles Tier- und Pflanzenleben noch im Meer abspielte. Erst am Ende des Silurs beginnen die ersten Pflanzen die Bereiche des Brack- und Süßwassers und schließlich das Festland zu erobern – und erst zu Beginn des Devons wagen die ersten Tiere den Schritt „vom Meer aufs Land“. Die nicht marinen Gesteine des Kambriums und des Silurs können Sie also bei Ihrer Fossilsuche ebenfalls ausklammern. Überhaupt wird die Fossilsuche in Gesteinen, die in einem Meer gebildet wurden, viel größere Aussicht auf Erfolg bieten als in Gesteinen, die auf dem Festland entstanden sind. Die Gründe dafür liegen auf der Hand:

Damit eine Versteinerung, ein Fossil, entstehen kann, muß das tote Lebewesen möglichst rasch unter weitgehenden Sauerstoff-, d. h. Luftabschluß kommen, denn nur so kann die Zersetzung (durch Bakterien, Aasfresser u. a.) und damit die Zerstörung (auch der widerstandsfähigeren Hartteile) verhindert oder wenigstens verlangsamt werden. Sauerstoffarmut ist aber von vornherein in einem Meer eher gewährleistet als auf dem Festland – und auch die Einbettung eines toten Lebewesens in Sediment (Kalkschlamm, Sand, Ton) wird im Meer in der Regel viel rascher erfolgen, weil die Sedimentanlieferung grundsätzlich viel größer ist.

Um das Ganze auf eine Art Faustregel zu reduzieren, nach der Sie im Gelände vorgehen können:

Es lohnt sich nicht, in roten Sandsteinen (wie wir sie beispielsweise in der Buntsandsteinformation finden) nach Fossilien zu suchen, denn sie wurden in einem ariden, wüstenhaften Klima gebildet, das ohnehin lebensfeindlich war und darüber hinaus auch keine idealen Erhaltungsbedingungen bot.

Unter die Sparte fossilarme Gesteine fallen auch die roten bis blauroten Tone und Mergel aus der Keuperzeit, die unter ähnlichen Bedingungen wie der Buntsandstein entstanden sind. (Daß aber bekanntlich „keine Regel ohne Ausnahme ist“, sieht man daran, daß es im Buntsandstein von Bernburg, Hildburghausen und Basel Funde von Tier- und Pflanzenresten gibt; desgleichen im Keuper des Stuttgarter Raumes und von Halberstadt. Es waren quasi Oasen in einer ansonsten lebensfeindlichen Umwelt.)

Die Aussicht auf Fossilfunde wird in dem Maße zunehmen, wie die Sandsteine an Tongehalt gewinnen. Dünnbankige, tonhaltige Sandsteine, Tone, Schiefertone, Tonschiefer, Mergel- und Kalkbänke sind in der Regel ein interessantes (und auch einigermaßen ergiebiges) Betätigungsfeld für den Fossiliensammler. Und je dunkler die eben genannten Gesteine gefärbt sind (Häufung bituminöser Substanzen), desto größer ist die Aussicht auf Erfolg.

Lassen Sie sich aber bitte nicht verwirren oder verlieren Sie nicht gleich den Mut, wenn ein längeres Suchen in dunklen (und eindeutig in einem Meer gebildeten) Gesteinen erfolglos bleibt und damit alles bisher Gesagte scheinbar „ad absurdum“ geführt wird. Auch in den Meeresablagerungen finden sich nämlich nur selten schön

Bild14. Kalkbank aus dem Braunjura α mit dem Ammoniten *Leioceras opalinum*. Fundort Boll (Württemberg) oder Umgebung. Merkmale: Glatter Kiel, engnabelig, hochmündig, scheibenförmig, sichelförmige Anwachsstreifen.

gleichmäßig verstreut organische Reste. Viel wahrscheinlicher sind nesterartig verteilte Fundorte: günstige ehemalige Futter- und Laichplätze, durch Meeresströmungen zusammengeschwemmte „Tierfriedhöfe" und ehemalige Strandregionen.
Neben den schon erwähnten besseren Erhaltungsbedingungen haben die Meere auch den Vorteil, daß sie einen sich über ein riesiges Gebiet erstreckenden, weitgehend einheitlichen Lebensraum darstellen und in besonders günstigen Fällen so eine weltweite Verbreitung von Tierfamilien ermöglichen. Sie können sich selbst den hohen wissenschaftlichen Wert vorstellen, wenn man – um ein Beispiel zu nennen – in Europa, Nordamerika und Asien in Gesteinen die gleiche Ammonitengattung (Gattungsbegriff S. 55) findet und somit diese Gesteine als „im gleichen Zeitraum und unter ähnlichen Bedingungen gebildet" erkennen kann.

Fossilisation und Erhaltungszustand der Fossilien

Aus unserer Alltagspraxis wissen wir, daß organische Stoffe (Fleisch, Gemüse usw.) vor allen Dingen in den Sommermonaten sehr rasch „schlecht" werden – oder anders ausgedrückt, daß ohne besondere Vorkehrungen (Vakuumverpackung, Kühlschrank, Tiefkühltruhe, Konservierungsstoffe) die bakterielle Zersetzung – der Verwesungsprozeß – schon nach wenigen Stunden einsetzen kann. Wie sehr muß es uns deshalb überraschen, wenn wir in einer geologischen Sammlung Fossilien entdekken, bei denen sogar die Weichteile versteinert sind: Abdrücke von Medusen, Belemniten, Ammoniten und Fischen aus den Solnhofener Plattenkalken (Solnhofener Schiefer) oder Ichthyosaurierfunde aus dem Schwäbischen Lias epsilon (Ölschiefer) von Holzmaden, bei denen noch die Körperumrisse in allen Einzelheiten zu erkennen sind.

Bild 15 (oben). Ammonit *Kosmoceras jason,* Braunjura ζ Gammelshausen. Merkmale: Rippen auf der Außenseite unterbrochen (Externfurche). Eng- bis weitnablig, Rippen mit Nabel- und Außenknoten, oft auch Flankenknoten an den Teilungsstellen der Rippen.
Bild 16 (rechts oben). Ammonit *Coroniceras rotiforme.* Lias α_3, Arietenkalk. Wetzgau bei Schwäb. Gmünd. Merkmale der Familie Arietitidae: Kiel und Furchen stets vorhanden, Rippen teilweise extrem beknotet. Windungsquerschnitt breit bis hochoval.
Bild 17 (rechts unten). Die Leitfossilien in Lias α_3 sind Ammoniten der Gattung *Arietites,* weitnablige Formen mit breiten, kräftigen Rippen wie die Widderhörner (arietis = Widder) und auf der Außenseite einen Kiel, der oft von zwei Seitenfurchen begleitet ist, die aber gelegentlich auch fehlen können. Das Bild zeigt *Vermiceras sp.* aus dem Lias α_3 bei Straßdorf, Ostalbkreis.
Merkmale: Meist kleinwüchsige Formen mit angenähert rundem bis hochovalem Windungsquerschnitt. Rippen gerade, an der Externseite zum Teil nach vorn gebogen. Maximale Höhe der Rippen auf der Flankenmitte. Furchen meist seicht und breit, können jedoch gänzlich verloren gehen.

Um bei Ihnen als angehenden Fossiliensammlern keine falschen Hoffnungen zu wecken: Einen solchen Fund mit den versteinerten Weichteilen eines Tieres werden Sie wahrscheinlich nie machen. Von ihm können Sie – genau wie der Goldwäscher alten Schlags von seinem Riesen-Nugget – allenfalls träumen, denn nur in den allerseltensten Fällen werden die Bedingungen bei der Fossilisation so sein, wird die Verwesung und damit die Zerstörung der organischen Substanzen so stark verlangsamt worden sein, daß die Weichteile vor ihrem Zerfall noch „in Stein“ nachgebildet werden konnten. Natürlich vorkommende Tiefkühltruhen gibt es eben (leider) nur in Form der Dauerfrostböden Nordsibiriens, wo man völlig erhaltene Mammutkadaver aus dem Pleistozän ausgegraben hat.

Eine noch so rasche Einbettung auch im feinkörnigsten Sediment ersetzt nur in den seltensten Fällen eine Vakuumverpackung, und Asphaltseen und fossile Harze (in der „Blauen Erde" der Ostseeküste hat man im Bernstein zahlreiche eingeschlossene Insekten und andere niedere Tiere aus der Tertiärzeit gefunden) sind in der Erdgeschichte zu selten, um als „Konservierungsstoffe" auch nur annähernd mit den Errungenschaften der modernen Chemie konkurrieren zu können.
Was wir deshalb normalerweise finden werden, sind die Überreste von Hartteilen der ehemaligen Lebewesen, wobei die Fossilisationsart von einer ganzen Reihe von Faktoren abhängig ist, mit denen wir uns im Folgenden etwas ausführlicher beschäftigen wollen.
Entscheidend für die spätere Ausbildung des Fossils ist zuerst einmal die Einbettungsmasse, das Sediment. Je feinkörniger es ist, desto besser erhalten wird das Fossil in der Regel sein. In feinkörnigen Gesteinen wie Kalk, Mergel oder Ton können die Kalk- oder Chitinschalen von Schnecken, Muscheln oder Ammoniten noch gut

Bild 18. Ammonit *Dactylioceras* aus dem Lias ε, Forchheim/Franken. Merkmale: Weitgenabelt, kreisrunder Windungsquerschnitt, kräftige, endständige Berippung aus externgabligen Gabelrippen.

Bild 19. *Dactylioceras commune* aus dem Lias ε, Bad Boll.

erhalten sein, während in einem grobkörnigen Sandstein Chitinschalen fast nie und Kalkschalen meist nur schlecht erhalten sind. Was wir hier normalerweise finden werden, sind Hohlräume und vor allen Dingen Steinkerne und Skulptursteine.
Hohlräume, die die Form des Lebewesens (des Ammoniten, der Schnecke, der Muschel u. a.) genau wiedergeben, entstehen, wenn das Sediment schon so weit verfestigt ist, daß nach dem vollkommenen Verschwinden des Tieres die Hohlform erhalten bleibt und auch nicht nachträglich durch „Ersatzstoffe“ (s. S. 32) ausgefüllt wird. Wird der Hohlraum, der ursprünglich von dem Weichkörper des Tieres eingenommen wurde, mit Ersatzstoffen ausgefüllt und werden die Schnecken-, Muschel- oder Ammonitenschalen – wie es häufig der Fall ist – aufgelöst, dann entsteht ein Steinkern, der den „Ausguß des inneren Hohlraumes des ehemaligen Lebewesens“ darstellt. Werfen Sie bei einem solchen Fund das Gestein, in dem Sie den Steinkern gefunden haben, nicht weg, denn es stellt ja „das Spiegelbild der Außenseite des verschwundenen organischen Restes“ dar.
Von einem Skulpturstein sprechen wir schließlich, wenn der Hohlraum des Weichkörpers und die aufgelösten Schalen durch Ersatzstoffe ausgefüllt werden. Skulptursteine sind also eine „genaue Wiedergabe der äußeren Schalenstruktur des fossilisierten Lebewesens.“

Um was handelt es sich aber bei den jetzt schon mehrfach zitierten „Ersatzstoffen"? Sie stehen in den meisten Fällen in engster Beziehung zu den Gesteinen, in denen die Fossilisation erfolgte und sind in der Hauptsache Kalkspat ($CaCO_3$ in der Form des Aragonits und Calcits), Kieselsäure (SiO_2), die besonders häufig als Versteinerungsmittel von Pflanzen auftritt, Eisenspat ($FeCO_3$), Hämatit (Fe_2O_3) und Phosphorit ($3\ Ca_3(PO_4)_2 \cdot Ca(OH, F, Cl)_2$).
In den aus der Devonzeit stammenden Hunsrückschiefern und in den dunkelblau gefärbten Schiefern und Kalken des Lias finden sich häufig Fossilien, die mit einer Schicht von goldglänzendem Pyrit (Schwefelkies FeS_2, im Volksmund auch „Katzengold" genannt) überzogen sind. Dieser Pyrit, der ein Fossil optisch natürlich besonders reizvoll macht, entsteht, wenn bei dem bakteriellen Abbau des organischen Materials Schwefelwasserstoff (H_2S) frei wird und dieser dann mit den im Meerwasser enthaltenen Eisensalzen zum FeS_2 weiterreagiert (Bild 17).
Von der Beschaffenheit des Sedimentgesteins, in dem wir unsere Fossilien finden, hängt auch stark die äußere Form ab. Die gleiche Muschel oder Schnecke und der gleiche Ammonit, die in einem Ton, einem Mergel oder Kalk mit ihrer ursprünglichen Wölbung vorkommen, sind in einem Schiefer (oder ähnlichem Gestein) oft zu einem bloßen flachen Abdruck zusammengepreßt und entsprechend schwieriger zu erkennen. Und in stark gefalteten Gesteinsschichten können die Fossilien so stark verbogen, zusammengepreßt oder auseinandergezogen sein, daß nur noch mit viel Fantasie (und Fachkenntnis) die ursprüngliche Form der Schalen und Skelette zu ermitteln ist (Bilder 18 und 19).

Die Arbeit im Gelände

Nachdem wir uns in den vorangegangenen Kapiteln ein gewisses paläontologisches Grundwissen angeeignet haben, wollen wir jetzt einmal den Schritt in die Praxis wagen und uns mit der Arbeit im Gelände, der eigentlichen Suche nach Fossilien, beschäftigen.
Um zu verhindern, daß die erste Begeisterung für die Fossilsuche verlorengeht, weil wir ohne Vorbereitung losgestürmt sind und nach einigen Stunden ergebnislosen Suchens die „Lust an der Sache" verloren haben, müssen einige grundsätzliche Fragen geklärt werden:

1. Welche Ausrüstung braucht man bei der Suche nach Fossilien?
2. Wo sucht man mit den größten Aussichten auf Erfolg?
3. Welche (natürlichen und technischen) Hilfsmittel gibt es?

Bild 20 (rechts oben). Die wichtigsten Werkzeuge des Fossiliensuchers im Gelände: Geologenhammer, Spitz- und Flachmeißel, Taschenlupe. Alle Geräte von Kosmos-Service.
Bild 21 (rechts unten). Dieser Steinbruch bei Lautern (Ostalbkreis) ist eine ergiebige Fundstelle für Weißjura-β-Ammoniten (Gattung *Perisphinctes* u. a.). Wer sich waghalsige Kletterkunststücke ersparen möchte, findet in den im Bild zu erkennenden Schutthalden reichlich (leider allerdings meist zerbrochenes) „Ersatzmaterial".

Die Ausrüstung

Wichtigstes Arbeitsgerät ist ein Hammer. Kein 50-Gramm-Hämmerchen, mit dem das Gestein allenfalls gestreichelt, aber bestimmt nicht zerschlagen werden kann und auch keinen beliebigen Schuster- oder Schreinerhammer, bei denen einem nach den ersten kräftigen Schlägen infolge zu großer Sprödigkeit des Materials Hammerteile um die Ohren fliegen können. Was Sie brauchen, ist ein nicht zu leichter (natürlich auch nicht zu schwerer) Hammer aus gehärtetem, angelassenem Stahl mit einem Hammerstiel aus zähem, elastischen Holz. Zu der Stiellänge – aus der manche Geologen eine Glaubensfrage machen – kann man nur sagen: nicht zu kurz, denn sonst „zieht" der Hammer nicht, und nicht so lang, daß der Hammerkopf die Schlagbeanspruchung nicht mehr aushält oder Sie Schwierigkeiten beim Transport haben. Unwichtig ist auch die Form des Hammers. Mit einer Einschränkung! Ein Ende sollte stumpf sein, das andere eine Schneide aufweisen, wobei es aber gleichgültig ist, ob diese quer oder parallel zum Stiel verläuft (siehe dazu auch Bild 20).

Wenn Sie dann noch im Gelände einen (gehärteten, angelassenen und dadurch nicht zu spröden) Spitz- und Flachmeißel mit sich führen, dann werden Sie – auch bei der Fossilsuche im „anstehenden Gestein“ – vor keinen unüberwindlichen technischen Schwierigkeiten stehen. Mit dem Flachmeißel können Sie Gesteinsplatten besser spalten oder die Fugen der Gesteine auseinandersprengen. Mit Spitz- und Flachmeißel können auch Fossilien gewonnen werden, die mitten im Gestein sitzen, indem man um das Fossil eine Rinne herausmeißelt und dann mit dem schräg angesetzten Flachmeißel versucht, das Fossil abzusprengen.
Unbedingt notwendig sind weiter ein Notizbuch (möglichst mit steifem Umschlag, weil dadurch das Schreiben und Zeichnen erleichtert wird), Bleistifte, Radiergummi, Farbstifte, (Klebe-)Etiketten, alte Zeitungen und Tesafilm. Ich selbst habe gute Erfahrungen mit einem DIN A 5-Ringbuch mit liniierten und (für Zeichnungen) unliniierten Blättern gemacht.
Zu was Sie Notizbuch und Schreibmaterial brauchen?

1. Weil Sie sich nie nur auf Ihr (auch noch so gutes) Gedächtnis verlassen sollten, denn dazu sind die Eindrücke im Gelände zu vielfältig.
2. Weil Fossilien ohne Angabe des Fundortes und des geologischen Horizonts (mit wachsender Spezialisierung können Sie dann noch den Gesteinscharakter der Fundschicht, die Vergesellschaftung der Fossilien und ihre relative Häufigkeit am Fundort feststellen) praktisch wertlos sind; und die schlechteste Skizze von einem Aufschluß ist besser als nichts.

An dieser Stelle ein Rat für alle Sammler, die sich nicht zutrauen, einen Aufschluß zeichnerisch zu erfassen: Nehmen Sie – falls vorhanden – einen Fotoapparat, dann sind Sie alle Zeichenprobleme los.
Fundort und geologischen Horizont vermerkt man am besten auf einer (Klebe-)Etikette, verpackt dann jedes gefundene Fossil einzeln in einem Stück Zeitungspapier und „sichert“ es mit Tesafilm. Dadurch vermeidet man Beschädigungen beim anschließenden Transport, der (sehr zweckmäßig) auch im einfachen Einkaufsnetz erfolgen kann.
Ein weiteres – sehr nützliches und leicht mitzuführendes – Hilfsmittel im Gelände ist eine Flasche mit verdünnter, etwa 20%iger Salzsäure (HCl). Salzsäure, die auf Kalk aufgetropft wird, verursacht eine lebhafte und am „Aufschäumen“ leicht zu erkennende Gasentwicklung, die auf eine Umwandlung des Kalks in Calciumchlorid ($CaCl_2$) und gasförmiges Kohlendioxid (CO_2) zurückzuführen ist.

$$CaCO_3 + 2\,HCl \rightleftarrows CaCl_2 + H_2O + CO_2 \uparrow$$

Durch diesen einfachen Versuch läßt sich Kalk (+) von einem Dolomit (–), ein Ton (–) von einem Mergel (+) abtrennen; eine – wie Sie bald merken werden – im Gelände nicht zu unterschätzende Hilfe. Abgefüllt wird die verdünnte HCl-Lösung

am einfachsten in ausgedienten Augen-, Nasen-, Ohrentropfenkölbchen o. ä. (über den Umgang mit Säuren siehe S. 51).
Auf die Verwendung von geologischen und topographischen Karten kommen wir auf S. 43 noch zu sprechen.
Zum Schluß des Kapitels „Handwerkszeug“ noch ein Rat. Kaufen Sie sich gelegentlich ein Vergrößerungsglas oder eine Taschenlupe (2- bis 4fache Vergrößerung genügt); sie wird sich bald als nützlich erweisen.

Wo suche ich? – Der Aufschluß

Wer beim Sammeln nicht alles dem Zufall überlassen will, der darf sich nicht damit begnügen, das im vorigen Kapitel beschriebene Arbeitsmaterial zu besorgen, sondern er muß sich mit Hilfe einer geologischen Karte oder mit entsprechender Fachliteratur über die Geologie des ins Auge gefaßten Sammelgebietes orientieren.
Im sogenannten „humiden Klimabereich“ – wie wir ihn bei uns in Mitteleuropa haben – reicht diese Kenntnis allein aber nicht aus, weil in den allermeisten Fällen die Gesteine mit einer unterschiedlich mächtigen Verwitterungs-(Boden-)Schicht bedeckt sind. Um Fossilien sammeln zu können, müssen wir Stellen finden, an denen die Gesteinsschichten unverhüllt zutage treten und für uns zugänglich sind. Solche Stellen werden als Aufschlüsse bezeichnet. Sie lassen sich – je nach Entstehungsart – in natürliche und künstliche Aufschlüsse gliedern.
Natürliche Aufschlüsse sind: Steile Felswände, Klippen, schluchtartig eingeschnittene Flußtäler, durch Verrutschungen an steilen Berghängen freigelegte Gesteinsschichten und steil abfallende Seeufer und Meeresküsten.
Künstliche Aufschlüsse sind: Tagebaue irgendwelcher Art (Steinbrüche, Ton-, Mergel-, Kies- und Sandgruben), Einschnitte, die im Zuge des Straßen- oder Eisenbahnbaus gemacht wurden, Baugruben, die bis in das anstehende Gestein reichen, Brunnen, Trassen im Zuge der Trinkwasserversorgung, der Kanalisation oder der Rohölversorgung (Pipelines) u. a.
Sollten Sie einmal einen solchen künstlichen, neu angelegten und fossilverdächtigen Aufschluß entdecken, dann empfiehlt sich die Benachrichtigung des nächstgelegenen Geologischen Instituts. Es wird Ihnen für diese Information dankbar sein, denn – wie gesagt – bei uns in Mitteleuropa ist man für jede Stelle dankbar, wo einem die anstehenden Gesteine zugänglich sind.
Wenn Sie einen solchen natürlichen oder künstlichen Aufschluß betrachten, dann werden Sie – eine ungestörte Lagerung vorausgesetzt – feststellen, daß horizontal gelagerte Gesteinsschichten aufeinander liegen. Diese Schichtung kann durch einen geringfügigen Wechsel der Ablagerungsbedingungen oder der Zusammensetzung der Sedimente entstehen (Wechsellagerung von gröberem und feinerem Sandstein, Sandsteine, die durch dünne, blättchenartig ausgebildete Tonlagen voneinander ge-

trennt sind, Kalksteine mit dazwischengeschalteten Mergelbänken) oder zum Beispiel dadurch, daß auf ein unter festländischen Bedingungen gebildetes Gestein ein eindeutig in einem Meer entstandenes Sedimentgestein folgt. Auch Farbänderungen können (wie in bestimmten Keuperschichten) den Eindruck einer Schichtung hervorrufen. An dieser Stelle ist es nützlich, sich mit zwei geologischen Begriffen vertraut zu machen, die aus der Bergmannssprache übernommen wurden, dem Hangenden und dem Liegenden.

Unter dem Liegenden versteht man die Gesteinsschicht, die unter der ins Auge gefaßten liegt, unter Hangendem entsprechend die Schicht, die nach oben auf die gerade betrachtete Schicht folgt.

Merken Sie sich eine der wichtigsten Faustregeln für die Fossilsuche überhaupt! Beginnen Sie in einem Aufschluß mit der Fossilsuche nie im anstehenden Gestein! Bevor Sie sich als Alpinist betätigen und gefährliche und erfolglose Kletterkunststücke ausführen, ist es bequemer und auch erfolgversprechender, sich in den Schuttkegeln am Fuße der Felswand, auf den Schutthalden des Steinbruchs und am Fuße eines Steilhangs zu vergewissern, ob die Gesteinsschichten überhaupt Fossilien enthalten. Es gibt nämlich viele Gesteine (zum Beispiel Kalke), die im frischen Bruch nur selten (Bild 22) oder zumindest nur sehr schwer Fossilien erkennen lassen. Der Grund dafür ist darin zu suchen, daß bei der Verfestigung des Sediments zum Gestein (der Diagenese) die Fossilreste so fest in die verbindende Gesteinsmasse eingebettet werden, daß wir sie – wenn überhaupt – oft nur im Querbruch gerade noch erkennen können.

Für uns als Fossiliensammler ist wichtig, daß auf den angewitterten Flächen der Gesteinstrümmer die Fossilien herauswittern, reliefartig herauspräpariert werden, weil die Substanz der organischen Reste gegenüber den Verwitterungskräften in der Regel widerstandsfähiger ist. Und es ist wie ein kleines Wunder, wenn sich dadurch plötzlich herausstellt, daß ein Kalk, auf dessen Bruchfläche fast nichts zu erkennen war, fast völlig aus versteinerten Austernschalen oder den Stengel-(Stiel-)Gliedern von Seelilien besteht (Bilder 23 und 24) oder sogar plötzlich die schönsten Ammoniten zum Vorschein kommen.

Nochmals: Es lohnt sich, auf Verwitterungsflächen nach Fossilien zu suchen, denn die Natur präpariert in den langen Zeiträumen meistens besser (und vor allen Dingen billiger) als wir mit unseren mechanischen, physikalischen und chemischen Präparationsmethoden.

Es ist natürlich klar, daß gewisse Untersuchungen nur in dem anstehenden Gestein selbst gemacht werden können: Art der Einlagerung in den Schichten und Verteilung auf die einzelnen Horizonte u. a. Und auf S. 34 haben wir schon darauf hingewiesen, daß jede Art von Abdrücken von Lebewesen (Spuren, Fährten, Bohrlöcher usw.) von Wichtigkeit sind.

Haben Sie in einem Aufschluß Fossilvorkommen entdeckt, dann empfiehlt sich eine

Bild 22. Dieses Bild macht deutlich, wie wenig manchmal im Querbruch von dem Fossilreichtum eines Gesteins zu sehen ist. Es handelt sich um dieselbe Platte wie in Bild 23.

Suche nach folgendem Schema: Man beginnt an einer der unteren Ecken und sucht, indem man auf einer geraden Linie aufsteigt. Oben angekommen steigt man auf der gleichen Linie zurück, wiederholt zwei, drei Schritte davon entfernt das gleiche Manöver usw.

Noch ein paar Bemerkungen, die Ihnen bei Ihrer Suche von Nutzen sein können:

1. Der Fossilreichtum der Kalksteine nimmt normalerweise mit wachsendem Tongehalt zu, und die Fossilien lassen sich dadurch auch immer leichter gewinnen. Wenn Sie in einem Steinbruch also eine Wechsellagerung von Kalken und Mergeln antreffen, dann ist die Suche in den eingeschalteten Mergellagen oft ergiebiger als die Suche im Kalk.
2. Wenn in einem Kalkstein die Fossilien verkieselt sind (HCl-Probe negativ!), dann lohnt sich die Suche im Verwitterungslehm der Klüfte und Spalten, weil dort oft gut herauspräparierte Fossilien zu finden sind.
3. Wenn Sie in einem Aufschluß durch Verwitterung völlig herauspräparierte Fossilien finden, dann suchen Sie besonders intensiv – es wird sich nämlich in den allermeisten Fällen lohnen!

Bild 23. Angewitterte Platte aus dem oberen Muschelkalk (Trochitenkalk = mo_1), Fundort Hallwangen bei Freudenstadt. Die Trochiten (= Mühlsteine) sind die versteinerten Stielglieder der Seelilien, die in den allermeisten Fällen zerfielen und in „Trochitenbänken" am Rande des Muschelkalkmeeres zusammengeschwemmt wurden.
Bild 24 (rechts). Eine Steinplatte aus dem gleichen Fundgebiet und Horizont (Trochitenkalk) mit einer teilweise noch erhaltenen Seelilienkrone.

4. Sind Fossilien fest im Gestein eingeschlossen, dann versuchen Sie an Ort und Stelle nur, transportable Stücke zu gewinnen, bei denen das Fundstück noch von genügend Gestein umgeben ist.
   Präparieren Sie in aller Ruhe „im stillen Kämmerlein", denn ein Hammerschlag zuviel, in dem Bestreben, Gewicht zu sparen, zerstört oft die schönste Versteinerung, und dann ist der Jammer groß.
5. Vergessen Sie nicht, bei Steinkernfunden auch den Abdruck zu sammeln.
6. Entscheiden Sie nicht im Aufschluß, ob sich bei den Funden eine Aufbewahrung lohnt oder nicht, denn daheim kommt oft das große Bedauern wegen eines im ersten Überschwang weggeworfenen Fossilrestes.
7. Für die Fossilsuche gut geeignet sind unter den auf Seite 35 genannten Aufschlüssen noch tief eingeschnittene Bach- und Flußbette. Die Suche lohnt sich vor allen Dingen, wenn der Bach oder Fluß fossilführende Tone und Mergel durchschneidet, weil die Fossilien dann regelrecht ausgewaschen und im Bach-

bett (Vertiefungen, die bei einem Gesteinswechsel auftreten, sind besonders verdächtig) abgelagert werden können.

8. Nach heftigen Gewittergüssen können auf Äckern mit geringer Bodenkrume (auch Wiesen) Fossilfunde gemacht werden.
9. Neuerdings gibt es auch immer mehr sogenannte „Geologische (Lehr-)Pfade", die meist einen guten Einblick in die Geologie eines Raumes vermitteln und somit als erste Orientierungshilfen durchaus von Nutzen sein können. Fossilien werden Sie dort allerdings genauso wenig sammeln können wie Edelweiß auf einer in einem Wanderführer genau bezeichneten Bergwiese.

Geländeformen als Orientierungshilfen

Es wäre im Rahmen dieses Buches natürlich ein hoffnungsloses Unterfangen, auf alle Geländeformen, ihre (Entstehungs-) Ursachen und ihre Deutung einzugehen. Wir wollen – und müssen – uns hier auf einige wenige, auch für den Laien verständliche Beispiele beschränken, die Ihnen bei der Arbeit im Gelände von Nutzen sein können.

Man kann ganz allgemein sagen, daß Unterschiede in den Geländeformen sich nur dort entwickeln können, wo geneigte Flächen vorhanden sind und wo härtere und weichere Gesteinsschichten einander abwechseln, denn nur dort kann das Wasser

(Niederschlagswasser, das flächenhaft, in Rinnsalen, Bächen oder Flüssen abfließt) und die Schwerkraft als „Gestalter der Landschaft“ wirksam werden.
Merken Sie sich folgende Faustregeln:

1. Weichere Gesteine verwittern mechanisch (und chemisch) in der Regel leichter als härtere und werden auch leichter abgetragen. Harte Gesteinsschichten (Kalke, durch kalkige und kieselige Bindemittel verfestigte Sandsteine, Schiefer usw.) werden deshalb in der Regel immer als Steilstufen oder als Geländeknicks, die weicheren Gesteine (Tone, Mergel, wenig verfestigte Sandsteine u. a.) als Verebnungen in Erscheinung treten. Ein gutes Beispiel dafür ist die Schwäbisch-Fränkische Alb und das dazugehörige Albvorland, wo die im allgemeinen weichen Schichten des Lias das Albvorland, die auch zumeist weichen Schichten des Doggers den Albanstieg und die harten weißen Kalke von Malm beta und delta den steil nach NNW abfallenden Albtrauf bilden.
2. Im harten Gestein wird das fließende Wasser V- oder Kerbtäler mit steilen Talflanken nagen, in weichem Gestein werden die Talhänge flach, wird das Tal in der Regel breit sein.
   Eine Wechsellagerung von harten und weichen Gesteinsschichten schließlich bedingt eine Terrassierung der Talhänge, wie wir es besonders schön in dem vom Coloradofluß geschaffenen Gran Cañon im Westen der Vereinigten Staaten bewundern können.
3. Ein Wasseraustritt (Quelle) an einem Hang deutet darauf hin, daß auf eine wasserdurchlässige (hangende) eine wasserundurchlässige (liegende) Gesteinsschicht folgt. Man spricht in solchen Fällen von einer Schichtquelle. Sie müssen nur bei der Festlegung des Quellaustritts vorsichtig sein, wenn der Hang (was in unserem Klimabereich meistens der Fall ist) mit Verwitterungsschutt bedeckt ist, denn dann kann der Quellaustritt (wir sprechen in solchen Fällen von einer Schuttquelle) auch unterhalb der Grenze zwischen wasserdurchlässiger und wasserundurchlässiger Gesteinsschicht liegen.
4. Treten nur geringe Mengen Wasser aus, dann kommt es oft zu keiner richtigen Quellbildung, sondern nur zu einer stärkeren Durchfeuchtung einer mehr oder weniger großen Hangfläche, die man aber an einem Wechsel der Vegetation, Riedgräser, Schachtelhalme, Binsen und andere wasserliebende Pflanzen, erkennen kann.

Auch die Farben der (Verwitterungs-) Böden liefern Anhaltspunkte

In Gebieten mit fehlenden oder nur spärlich vorhandenen Aufschlüssen kann man sich ganz gut an der Farbe der Verwitterungsböden orientieren. Wir wollen nicht darauf eingehen, welche Böden bei welchem Gestein in den verschiedenen Klimazonen entstehen (daß das gleiche Gestein in verschiedenem Klima anders verwittert

Bild 25. Blick vom Rechberg auf das Albvorland zwischen Waldstetten und Heubach (Ostalbkreis) und den Albtrauf mit Hornberg, Bargauer Horn und Scheuelberg.
Besonders eindrucksvoll ist das Süddeutsche Schichtstufenland in der Nähe des Albrandes: die von den Gesteinen des Lias gebildete Albvorebene mit vorwiegend wertvollem Ackerland; die Albvorberge (Mittelgrund) und der Albanstieg aus Braunjuragesteinen, wo Wälder und Wiesen vorherrschen; schließlich die Gesteine des Weißen Jura, die den eigentlichen Steilanstieg der Schwäbischen Alb bilden.

und damit auch eine andere Farbe aufweist, liegt nahe), sondern uns wieder mit ein paar praktischen Hinweisen begnügen, die für die Gesteine Mitteleuropas Gültigkeit haben: Rote Böden deuten fast stets auf Buntsandstein im Untergrund hin.
Braune Böden entstehen bei der Verwitterung von Ocker- oder Eisensandstein – und bei der Verwitterung von Kalkstein entstehen meistens Böden mit einer helleren Farbe.
Denken Sie aber immer daran, daß ein feuchter Boden anders aussieht als ein trokkener und auch die Farbe des Bodens im Sonnenlicht ziemlich von der bei bedecktem Himmel abweicht!
Hinweise auf das im Untergrund vorkommende Gestein liefern auch die sogenannten Lesesteine, eckige und kantige Gesteinstrümmer der anstehenden Gesteine, die – mit abnehmender Mächtigkeit der Verwitterungsdecke in steigender Anzahl – in der Bodenkrume zu finden sind.

Sie müssen aber heutzutage selbst bei den kantigsten „Lesesteinen" äußerst mißtrauisch sein, denn im Zeitalter der ganz großen Erdbewegungen können sie sehr leicht „per Lastwagen" an ihren „Fundort" gelangt sein.

Pflanzen als Orientierungshilfe

Den Überblick über die natürlichen Hilfsmittel wollen wir damit beschließen, daß wir uns noch kurz damit beschäftigen, welche Anhaltspunkte Pflanzen für im Untergrund lagernde Gesteine liefern. Jede Pflanze stellt an den Boden, auf dem sie wächst, andere Anforderungen bezüglich seiner chemischen Zusammensetzung oder seiner physikalischen Eigenschaften, und deswegen finden sich bestimmte Pflanzen nur auf Kalk, andere nur auf Sandsteinböden usw.
Nachfolgend finden Sie eine Zusammenstellung, welche Pflanzen welche Böden bevorzugen (nach Keilhack „Lehrbuch der praktischen Geologie").

1. Pflanzen auf kalkreichen oder zumindest nicht kalkarmen Böden.
   a. Im Walde, an Waldrändern, in Gebüschen:
   Küchenschelle, Windröschen, Gänsekresse, Fingerkraut, Langblättriges Hasenohr, Breitblättriges Laserkraut, Gelbblühender Hornstrauch, Schneeball, Sternblume, Gelbes und Rotes Waldvögelein, Stendelwurz, Berg-Flockenblume, Feuerröslein, Habichtskraut, Enziane, Roter Steinsame, Knabenkraut, Ragwurz, Frauenschuh, Leinblatt, Strahldolde, Kammknabenkraut.
   b. Pflanzen auf Feldern, an Wegen, auf trockenen Weiden und sonnigen Abhängen: Schwarzkümmel, Wohlriechender Schotendotter, Pfeilblätteriges Leinkraut, Wundklee, Langblättriges Hasenohr, Mönchskraut, Venuskamm, Himmelblau blühender Gauchheil, Blaugras, Federgras, Pfriemgras, Berg-Gamander, Silberdistel, Rotblühende Flockenblume, Wacholder.
   c. Pflanzen auf Wiesen und in feuchten Gräben: Huflattich, Knabenkraut.
2. Pflanzen, die Sandböden bevorzugen: Bauernsenf, Acker-Spergelkraut, Rote Schuppenmiere, Johanniskraut, Ginster, Fadenkraut, Sandglöckchen, Goldklee, Sand-Strohblume, Sauerampfer, Heidelbeere, Leinkraut, Kiefer (Föhre, Forche), Hainsimse, Scharfer Mauerpfeffer, Veilchen, Kleiner Vogelklee, Wegerich, Lämmersalat, Habichtskraut, Heidekraut, Roter Fingerhut.
3. Pflanzen, die mit Vorliebe auf Gipsbergen wachsen: Sonnenröschen, Gipskraut, Leimkraut, Fahnenwicke, Bergkronenwicke, Heide-Leinblatt.

Die Verwendung von physikalischen und geologischen Karten

Auf Seite 35 wurde schon einmal darauf hingewiesen, wie wichtig es ist, sich vor der Suche nach Fossilien mit Hilfe von entsprechender Literatur oder wenigstens mit

Hilfe von physikalischen und geologischen Karten über das ins Auge gefaßte Fundgebiet zu informieren. Dies ist aus mehreren Gründen notwendig:

1. Kann dadurch „Freund Zufall“ auf ein erträgliches Maß reduziert werden, weil Sie selbst bestimmen können, in welchen Gesteinen Sie suchen wollen.
2. Sind auf den Karten Hinweise auf Aufschlüsse (Steinbrüche, Kies-, Sand-, Tongruben u. a.) zu finden, und eng beieinander verlaufende Höhenschichtlinien (Isohypsen) weisen auf Steilhänge oder tief eingeschnittene Flußtäler hin, die – wie schon erwähnt – gut geeignet für die Suche nach Fossilien sind. Zum Maßstab einer Karte kann man nur sagen: Je kleiner er ist, desto besser, denn um so detailfreundlicher ist die Karte. Die „Wanderkarten“ mit ihrem Maßstab 1:50000 sind für unsere Zwecke gut geeignet!
3. Läßt sich mit Hilfe einer guten Karte genau Fundort und Fundgebiet eines Fossils festlegen, was für den wissenschaftlichen Wert des Fundes von größter Bedeutung ist.

Ein Wort zur geologischen Karte

Wir haben auf Seite 35 davon gesprochen, daß im humiden Klimabereich der größte Teil der anstehenden Gesteine von einer (Verwitterungs-)Bodenschicht bedeckt ist. Die geologische Karte (mit Ausnahme der 1:25000 Spezialkarten) berücksichtigt diese Boden- oder Ackerkrume nicht, sondern zeigt uns ein „abgedecktes Stück Erdoberfläche“. Höhenunterschiede werden nicht mehr (wie bei der physikalischen Karte) durch Farben, Schraffierung oder Schummerung, sondern nur noch durch den Verlauf der Höhenschichtlinien (Isohypsen) angegeben. Die Farben auf einer geologischen Karte (durch Strich- und Punktraster und durch Zusammendruck verschiedener Farben ergeben sich viele Variationsmöglichkeiten) stehen für die verschiedensten Gesteinsschichten der einzelnen Erdzeitalter und Formationen, und es ist üblich, daß man um so lichtere Farben anwendet, je jünger die darzustellenden Schichten sind.
Für die Abkürzungen – die geologischen Symbole – gibt es leider noch kein allgemein gültiges Schema. Üblich ist, daß der erste Buchstabe den Hauptbegriff, die Formation, angibt (Beispiel: k = Keuper), während zweite und dritte Buchstaben oder Zahlen weitere Unterabteilungen kennzeichnen. In dem Juli/August-Heft „Der Aufschluß“ von 1970 wurde eine mit dankenswerter Akribie von Herrn Karlheinz Schäfer (Karlsruhe) zusammengestellte Liste des geologischen Kartenmaterials veröffentlicht, und über den Buchhandel kann man sich geologische Karten von fast allen Ländern der Erde besorgen.

Präparationsmethoden

Wer in diesem Kapitel eine narrensichere Anweisung für eine perfekte Präparation von Fossilien erwartet, wird ganz bestimmt enttäuscht werden, denn eine solche „todsichere Methode" läßt sich beim besten Willen nicht liefern. Was Ihnen geboten werden kann, ist eine Zusammenstellung der wichtigsten Werkzeuge und Geräte, die für eine erfolgversprechende Präparation unbedingt notwendig sind und vielleicht noch ein paar Tips, wie man bei welchem Gestein ans Werk gehen, ein paar physikalische Tricks anwenden und einige Reagenzien sinnvoll gebrauchen kann. Alles Weitere ist eine Frage Ihrer praktischen Veranlagung, Ihrer Geschicklichkeit, dem geübten Blick für Fossil und Gestein, Ihrer Konzentrationsfähigkeit und – Ihrer Geduld. Die Präparation ist nämlich nicht nur ein schwieriges, sondern auch ein zeitraubendes Unterfangen, das viel „Liebe zur Sache" und noch mehr gute Nerven erfordert, wenn ausgerechnet beim vorletzten Schlag das fast ganz freigelegte Fossil entzweispringt. Es wird also nichts anderes übrigbleiben, als Erfahrung zu sammeln und anfangs vielleicht tüchtig Lehrgeld zu bezahlen. Und wenn die Begeisterung einmal ihren absoluten Tiefpunkt erreicht hat, dann vergessen Sie nicht, daß der Kreis der Leidensgenossen groß und die Zahl der „Bernhard Hauffs" sehr klein ist.

Wichtiges Werkzeug für die Präparation sind wieder ein oder mehrere Hämmer, deren Gewicht so gewählt werden sollte, daß Ihr Tastgefühl und Ihre Feinfühligkeit noch zum Tragen kommen und Sie mit der unbedingt notwendigen Behutsamkeit arbeiten können. Weiter notwendig sind eine Anzahl verschiedener Meißel: Am besten ein Schrotmeißel für die Grobarbeit und für die Feinarbeit ein Schriftmeißel, weiter eine Präpariernadel und ein Sortiment feiner Meißelchen, die man sich am besten selbst herstellt. Kleine Schraubenzieher mit selbst geschärfter, flacher oder zu einem Vierkant geschliffener Spitze oder ein Sortiment selbst gefertigter Meißelchen und Nadeln aus Werkzeugstahl, die man in gut in der Hand liegende, nicht zu dünne Holzgriffe steckt. Entsprechend präparierte Stopf- und Nähnadeln erfüllen ihren Zweck genauso gut wie ein Skalpell oder ein (abgebrochenes und zu einem Schaber umgeschliffenes) altes Messer.

Zum Beseitigen scharfer Ecken und Kanten gut geeignet ist eine Kneifzange mit möglichst breit ausladenden und entsprechend scharf zugeschliffenen Backen. Und da stumpfes Werkzeug mehr Kraftaufwand und damit größere Gefahr für das Fossil bedeutet, brauchen Sie auch unbedingt einen Schleifstein, um all die eben genannten Werkzeuge in Ordnung halten zu können.

Welche Unterlage Sie für die Präparation mit Hammer und Meißel benutzen sollen? Am besten einen kleineren, mit Sand zu etwa zwei Drittel gefüllten Sack aus grobem, festem Stoff oder Waschleder, auf dem das Gesteinsstück fest und rutschfest aufliegt. Die weiche Unterlage verhindert auch außerdem weitgehend ein Zerspringen des Fossils bei der Bearbeitung.

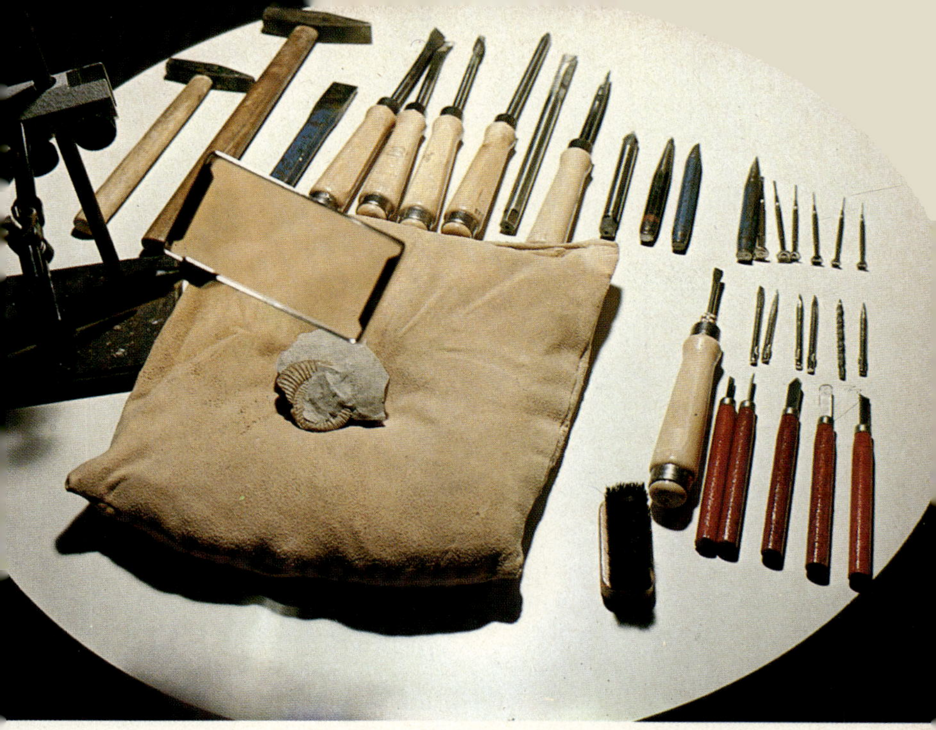

Bild 26. Sortiment der für die Fossilienpräparation wichtigen Werkzeuge: Eine Lupe mit Stativ, ein Sandsack (eventuell durch eine Holzleiste ergänzt, gegen die man arbeiten kann), Hammer und ein Sortiment meist selbst gefertigter Meißel und Schaber aller Größen.

Wichtig für die Präparation ist weiter eine nicht zu kleine Lupe, die in einem Stativ befestigt wird und eine (falls vorwiegend am Abend gearbeitet wird) gute und vor allen Dingen nicht blendende Lampe.

Wer einmal gesehen hat, wie sehr Fossilien gewinnen, wenn sie durch kräftiges Waschen und Bürsten vom anhaftenden Schmutz und kleineren Gesteinssplitterchen befreit werden, der wird sich auch ein kleines Sortiment von Bürsten zulegen, das von Muttis erprobter „Wurzelbürste" über die ausgediente Bürste für Wildlederschuhe und die alte Zahnbürste bis zu einem Sortiment verschieden großer Messing- und Stahlbürsten reicht, deren Gebrauch allerdings stark von der Gesteinshärte abhängig ist. Vorsicht auf jeden Fall beim Gebrauch von Stahlbürsten, denn hierbei können sehr ärgerliche, weil irreparable Kratzer entstehen. Wegner erwähnt in seinem „Fossiliensammler" ein erstaunlich gut funktionierendes Arbeitsgerät, um dünne, tonige oder kalkige Lagen über einem Fossil zu entfernen: einen Glasradierer, der in jedem Geschäft für Büroartikel erhältlich ist und mit dem auch gröbere Schlag- und Kratzstellen ausgeglichen werden können.

Wer eine elektrische Bohrmaschine besitzt oder gar eine ganze Heimwerker-Ausrü-

stung, kann durch den Kauf einer Trennscheibe jedes Gesteinsstück bis zu der gewünschten Form zersägen (kleinere Schnitte können auch mit einer Metallsäge oder mit einer Laubsäge gemacht werden) – und wer nur „voll mechanisiert“ arbeiten will, sei schließlich an den „Hobbyist-Kit 72“ verwiesen, ein Präpariergerät, das über den Kosmos-Verlag bezogen werden kann.
Noch ein Hinweis, der Ihnen viel Ärger bei der Präparation ersparen kann. Ganz fest halten sollen Sie nur den Hammer, nicht den Meißel, der locker in der Hand liegen soll. Und die Konzentration auf das zu bearbeitende Fossil und nicht etwa auf das Werkzeug kostet Sie vielleicht einmal einen blauen Daumen, erspart aber andererseits den Ärger über ein zersprungenes Fossil.

Sollen zersprungene Fossilien geklebt werden?

Wenn ein Fundstück beim Herausschlagen aus dem Gestein oder im Laufe der Präparation zerbricht, dann sollte man das Fossil natürlich wieder zusammenkleben. Ob Sie dazu Zahnzement, eine Mischung aus Syndetikon und Kreidepulver, Tischlerleim, ein Gemisch von Tischlerleim und Kreidepulver oder – was ich Ihnen empfehlen würde – einen modernen Spezial-(Stein-)Kleber nehmen, ist in erster Linie eine Frage der Gewöhnung. Geschmacksache ist auch, ob man das Füllmaterial bei fehlenden Teilchen durch Farbzusätze möglichst dem Original anzupassen versucht oder nicht. Da das „Täuschungsmanöver“ fast nie hundertprozentig gelingt, erhebt sich allerdings die Frage, warum eine Reparatur eigentlich nicht als solche erkannt werden soll.

Wie präpariert man in welchen Gesteinen?

I. Kalke und Sandsteine

In harten Gesteinen wie Kalken und den allermeisten Sandsteinen erfolgt die Präparation in erster Linie mechanisch mit Hammer und dem auf Seite 44 genannten Meißelsortiment. Das zu bearbeitende Fundstück wird auf unseren selbst hergestellten Sandsack gelegt, die Lupe auf das Objekt scharf eingestellt, und dann beginnt man mit wohldosierten Schlägen das das Fossil umgebende Gestein zu entfernen. Empfehlenswert ist, immer „vom Fossil weg“ zu arbeiten und die Meißelgröße in

Bild 27 (rechts oben). Ammonitenfund aus dem Weißjura β von Lautern (Ostalbkreis). Es handelt sich um einen Vertreter der Familie Perisphinctidae (Gattung *Leptosphinctes*).
Bild 28 (rechts unten). Dasselbe Fundstück mit dem – hauptsächlich mit dem Spitzmeißel – herauspräparierten Ammoniten. Charakteristische Merkmale der Ammonitengattung *Perisphinctes:* Weitnabelig, scheibenförmig, Rippen auf der äußeren Hälfte der Flanke gespalten.

dem Maße zu reduzieren, wie man sich dem Fossil selbst nähert. Und während anfangs vielleicht noch mit der Kneifzange gearbeitet werden konnte, erfolgt die Feinpräparation am besten nur noch mit der kleinsten Meißelgröße oder mit feinen Stahlnadeln. Daß vor allen Dingen bei Kalkversteinerungen, wo Fossil und Einbettungsmasse praktisch gleich hart sind, besonders viel Geduld, Fingerspitzengefühl und Erfahrung notwendig sind, liegt auf der Hand.

Wenn Sie sich einige Zeit mit der Präparation von Fossilien beschäftigt haben, werden Sie bemerken, daß die Präparation im angewitterten Gestein einfacher und mit nicht so großer Bruchgefahr verbunden ist wie im frischen Gestein. Wenn Sie also die Zeit (und auch die Möglichkeiten) haben, um einen Teil Ihrer Fossilfunde einen Winter lang im Freien und allen Witterungseinflüssen ausgesetzt liegen zu lassen, dann wird die meist sehr feine Naht zwischen Gestein und Fossil durch die Sprengwirkung des Eises (vielleicht) so erweitert, daß eine weitere Präparation jetzt nicht mehr schwierig ist.

Wem die Natur als Helfer zu langsam arbeitet, der kann sich auch einiger physikalischer Tricks bedienen:

1. Man erhitzt das fossilhaltige Gestein mehrmals hintereinander und schreckt es nach jedem Erhitzen in kaltem Wasser ab. Durch den raschen Wechsel von Ausdehnung (Erhitzen) und Zusammenziehen (Abkühlung) kann der Zusammenhalt

Bild 29 (links). Unbearbeitete Gesteinsplatte aus dem Lias α_3 von Schwäb. Gmünd – Oberbettringen, den sog. Arieten- oder Gryphäenkalken, die gerade in diesem Raum durch das massenhafte Auftreten der Auster *Liogryphaea arcuata* gekennzeichnet sind.

Bild 30 (oben). Präparierte Platte mit *Liogryphaea arcuata*. Charakteristische Merkmale: Stark gewölbte, runzlige Unterschale, flache, deckelförmige Oberschale. Außerdem deutlich erkennbare Wachstumsstreifen auf der Oberschale und stark eingerollter Wirbel. Präparationswerkzeug: Spitz- und Flachmeißel.

Bild 31 (rechts): Auster *Liogryphaea arcuata* aus dem Lias α_3 von Oberbettringen.

zwischen Fossil und Einbettungsmasse gelockert und es so für eine weitere Präparation „aufbereitet" werden.

2. Die „Sprengwirkung des Eises" kann man sich auch künstlich zunutze machen, indem man die Fundstücke längere Zeit in Wasser kocht, um die

in den Gesteinsporen eingeschlossene Luft zu vertreiben, und dann das gut durchfeuchtete Stück für zwei, drei Tage in das Tiefkühlfach des Kühlschrankes legt. Zeigt sich kein Erfolg, kann man Methode 1 mit Methode 2 kombinieren.

Daß durch die Frostsprengung oder den Kälteschock nach dem Erhitzen das Fossil auch einmal in mehrere Teile zerlegt werden kann, gehört zu den unvermeidlichen „Betriebsunfällen". Und welche Methode – und in welcher Stärke angewendet – letztlich die richtige ist, läßt sich (leider) nur durch Ausprobieren feststellen.

Chemische Präparationsmethoden

Wenn Sie durch eine vorsichtige Salzsäure-Probe (s. S. 34) oder durch vorsichtiges Ritzen mit dem Taschenmesser (verkieselte Fossilien werden nicht angeritzt, sondern es entsteht nur ein schwarzer Strich) festgestellt haben, daß das Fossil in verkieselter Form vorliegt, dann kann der das Fossil einschließende Kalkstein (auch der durch kalkige Bindemittel verfestigte Sandstein) durch ein Bad in verdünnter Salzsäure ($HCl : H_2O = 1:4$) entfernt werden. Die Methode eignet sich auch für das Freilegen verkiester (pyritisierter), chitinöser oder in Phosphat umgewandelter Fossilien. Wie stark die Salzsäure sein soll, die man verwendet, ist wieder eine Ermessensfrage, denn die Verwendung einer stark verdünnten Salzsäure bedeutet (genau wie die Verwendung so schwacher Säuren wie Essigsäure = CH_3COOH oder Monochloressigsäure = $CH_2ClCOOH$), daß die Umwandlung des Kalks ($CaCO_3$) in Calciumchlorid ($CaCl_2$) sehr in die Länge gezogen wird. Umgekehrt kann durch eine konzentrierte Salzsäure und dadurch sehr starke CO_2-Entwicklung das Fossil leicht beschädigt werden. Um unnötige Risiken zu vermeiden, empfiehlt es sich auf alle Fälle, die schon freiliegenden Teile des Fossils vor der Anwendung der Salzsäure mit Wachs oder einem Lack, der von der Säure nicht angegriffen wird, abzudecken.

Da der Auflösungsvorgang nur so lange abläuft, wie Salzsäure vorhanden ist, muß notfalls mehrmals HCl nachgegossen werden. Vergessen Sie aber bitte nicht, das solchermaßen freigelegte Fossil „zum guten Schluß" noch gründlich mit Wasser zu waschen!

Fossilien, die in poröse Gesteine (Sandsteine u. a.) eingeschlossen sind, können dadurch herauspräpariert werden, daß man den Kristallisationsdruck ausnützt. Man erhitzt zu diesem Zweck das zu bearbeitende Gesteinsstück längere Zeit, um die Feuchtigkeit aus den Poren zu vertreiben, und legt es dann in eine übersättigte heiße Glaubersalzlösung (Natriumsulfat, Na_2SO_4). Beim Abkühlen kommt es zur Auskristallisation von Glaubersalz in den Gesteinsporen, die durch den dabei auftretenden beachtlichen Kristallisationsdruck zu einer Erweiterung der Poren und einer Lockerung des Gesteinsgefüges führt. Stellt sich der Erfolg nicht auf Anhieb ein, kann man das Verfahren mehrmals wiederholen.

Vorsicht beim Umgang mit Chemikalien!

Bild 32. Auslese aus der für die Tone des Braunjura ζ (Ornatenton) charakteristischen ammonitenreichen, aber brachiopodenarmen Zwergfauna mit den Gattungen *Hecticoceras* und *Perisphinctes*. Fundort: Neidlingen, Kreis Esslingen.

Der Umgang mit Säuren und Basen bedeutet bei zu großer Sorglosigkeit nicht nur Gefahr für Ihre Garderobe, sondern auch für Ihre Gesundheit. Kalilauge und Salzsäure ätzen nicht nur, sondern sind hochgiftig. Benutzen Sie Handschuhe (Haushaltsgummihandschuhe sind gut geeignet), arbeiten Sie langsam und vermeiden Sie dadurch, daß die Kalilauge oder Salzsäure durch die Gegend spritzt. Fassen Sie das mit Säure oder Base (Lauge) behandelte Fossil nie mit bloßen Händen an, sondern benutzen Sie egal welches Werkzeug, um das Prachtstück aus der Lösung zu holen. Und vergessen Sie vor allen Dingen nie, das Fossil nach der chemischen Behandlung gründlich (und lange) unter fließendem Wasser zu waschen und zu bürsten. Sie vermeiden dadurch auch, daß Fossilien mit feinen Rissen und Poren durch auskristallisierendes Ätzkali o. ä. auseinandergesprengt werden.

II. Tone und Mergel

Wenn Sie bei der Präparation im Kalkstein so manchen Schweißtropfen vergossen haben, weil hundert leichte Hammerschläge zusammengezählt eben auch einen be-

achtlichen Arbeitsaufwand und Kalorienverbrauch bedeuten, wird Ihnen die Präparation eines Fossils (in kalkiger oder pyritisierter Form) in einem tonigen oder mergeligen Einbettungsgestein wie eine wahre Wohltat vorkommen.
Legen Sie den Hammer am besten beiseite, denn der leichte Druck auf Meißel und Präpariernadeln wird ausreichen, um das Gestein abzusprengen.
Jetzt können auch erfolgreich das Skalpell, das abgebrochene und entsprechend zurechtgeschliffene Messer als Schaber eingesetzt werden. Und das Bürstensortiment, vor allem die (weiche) Messingbürste kann jetzt ebenso nützlich sein wie der schon erwähnte Glasradierer.
Um kalkige oder verkieselte Fossilien aus Tonen oder Mergeln herauszupräparieren, eignet sich von den chemischen Verfahren am besten die Behandlung mit Kaliumhydroxid. Man stellt zu diesem Zweck aus festen Ätzkali-(KOH-)Plätzchen, die in jeder Apotheke gekauft werden können, eine konzentrierte Lösung her und füllt sie am besten in ein größeres Becherglas, wie sie in der Chemie verwendet werden. (Ein ausgedienter Kochtopf, ein Einweckglas oder eine alte Steingutschüssel und – mit Einschränkungen – ein alter Plastikeimer erfüllen aber auch ihren Zweck.)
Wenn Sie das zu behandelnde Gestein in die konzentrierte KOH-Lösung getaucht haben, dann können Sie (vorausgesetzt, das Gefäß eignet sich dazu) wieder zwei Arbeitstechniken anwenden:

1. Sie erhitzen die KOH-Lösung samt fossilhaltigem Gestein. Dem Vorteil, daß die Zeit, in der das Fossil mit dem Ätzkali in Berührung kommt, sich erheblich verkürzt, steht nachteilig gegenüber, daß durch das heiße (und dadurch noch aggressivere) Ätzkali auch der Kalk des Fossils angeätzt werden kann. Es empfiehlt sich deshalb, während des Kochvorgangs das Gestein zur Kontrolle immer wieder aus der heißen Lösung zu nehmen. Vorsicht beim Erhitzen, Lösung kann spritzen. Schutzbrille tragen!
2. Sie arbeiten mit kalter konzentrierter KOH-Lösung, müssen dann aber das zu bearbeitende Gestein zwei bis drei Tage in der Lösung lassen.

III. Schiefer

In Schiefer eingebettete Fossilien sind vom Einbettungsmaterial meist so fest umschlossen, daß eine Präparation mit Hammer und Meißel nicht möglich und ein Freipräparieren mit Stahl- oder Messingbürsten zumindest sehr problematisch ist. Problematisch sind auch „Roßkuren" im Tiefkühlfach sowie die Schockbehandlung durch Erhitzen und Abschrecken.
Liegen die Fossilien in pyritisierter Form vor, dann taucht bei der Anwendung von Messingbürsten meist noch das Problem auf, daß die natürliche Farbe des Pyrits durch den „Vergoldungseffekt" der Messingbürste verfälscht wird. Was Sie jetzt als Präparierwerkzeuge brauchen, sind in unserem Sortiment alle gekauften und selbst-

Bild 33. Haifischzähne aus der Oberen Meeresmolasse. Fundort: Sandgrube Ballendorf bei Ulm. Molasse nennt man das Tertiär zwischen den Alpen und dem Süddeutschen Schichtstufenland.

gefertigten Werkzeuge, die sich als Schaber und Stichel eignen und mit denen jetzt mit viel Geduld und Behutsamkeit der Schiefer über dem Fossil und um das Fossil herum abgetragen werden kann. Bei pyritisierten Fossilien besteht in der Folgezeit die Gefahr, daß sie durch chemische Prozesse zerstört werden („verrosten"). Es empfiehlt sich deshalb, sie nach der Präparation mit einer 5- bis 10%igen PVC-Lösung in Tetrahydrofuran zu überziehen, die mit einem kleinen Farbpinsel aufgetragen wird. Möglich ist auch ein Überzug aus mattem Klar- oder Kunstharzlack, die man in jedem Hobbyladen bekommen kann. Eine solche Lackierung kann auch durchaus einmal dazu dienen, das vor der Lackierung nur undeutlich erkennbare Fossil vom Einbettungsgestein besser abzuheben (Bild 28).
Von den chemischen Präparationsmethoden eignet sich bei Fossilien, die in verkalkter oder pyritisierter Form erhalten sind, am besten eine mehrere Stunden dauernde Behandlung mit heißer Natron-(NaOH)- oder Kalilauge (KOH). In kalkfreiem Schiefer können verkieselte Fossilien auch mit Flußsäure (HF) freigelegt werden, indem man das zu präparierende Gestein mit Flußsäure übergießt und die Säure

Bild 34. Seelilien auf einer Schieferplatte aus dem Unterdevon von Bundenbach (Rheinisches Schiefergebirge).

mehrere Tage einwirken läßt. Der Nachteil bei der Behandlung mit Flußsäure: Der Schiefer bekommt eine unnatürlich helle Farbe. Flußsäure ist sehr aggressiv und gefährlich!

Fossilien in Schiefern (vor allen Dingen Mikrofossilien) können auch durch Behandlung mit Wasserstoffperoxid (H_2O_2) freigelegt werden. Man übergießt das fossilhaltige Gestein mit etwa 50%iger heißer H_2O_2-Lösung (bei harten Gesteinen mit unverdünntem H_2O_2), verdünnt nach einigen Minuten mit etwas Wasser und erhitzt dann kräftig 20 – 30 Minuten. Die so freigelegten Fossilien müssen dann nur noch längere Zeit unter dem fließenden Wasser gewaschen werden. Wasserstoffperoxid kann die Haut verätzen. Augen schützen!

Empfehlenswert ist – wie schon einmal erwähnt – bei der Behandlung der Gesteine mit Säure, Base und Wasserstoffperoxid auf alle Fälle, die schon freigelegten Teile des Fossils mit einer Paraffinschicht oder Lacklösung zu überziehen. Und nochmals: Vergessen Sie bei der Verwendung von Chemikalien nicht, nach „getaner Arbeit“ Ihr Meisterwerk gründlich und lange zu waschen!

Die Bestimmung der gefundenen Fossilien

Die jetzt auf uns zukommende Arbeit – das Bestimmen der gefundenen Fossilien – ist im Gegensatz zu der Präparation nicht mehr harte, schweißtreibende Tätigkeit, sondern sie ähnelt mehr der sorgsamen Kleinarbeit eines Detektivs. Es ist, wenn Sie wollen, die Krönung der bisherigen Arbeit und Mühen, mit der Ihre Sammlung Gewicht (d. h. wissenschaftlichen Wert) und ein „Gesicht" bekommt.
Das Bestimmen – oder anders ausgedrückt, das Erkennen von Fossilien ist nichts anderes als ein sehr sorgfältiges Vergleichen der gefundenen Stücke mit den abgebildeten und mit einem wissenschaftlichen Namen versehenen Formen in den geologischen Fach- und Bestimmungsbüchern. Ziel der Bestimmung ist, der gefundenen Versteinerung die ihr zukommende Stellung in einem System zuzuweisen, das auf „gestufte und abstrahierende Vereinigung in Gruppen mit gleichen Merkmalen und Bezogenheiten" aufgebaut ist. (Abstrahierung deswegen, weil es praktisch ausgeschlossen ist, ein zweites Fossil zu finden, das bis ins kleinste Detail einem schon abgebildeten und bis in alle Einzelheiten beschriebenen gleicht, weil jedes Lebewesen von der Geburt bis zum Tode kleinere, arteigene Merkmale entwickelt.)
Die wichtigsten systematischen Kategorien sind in der Paläozoologie – genau wie in der Zoologie – die Gliederung in

Reich
Stamm
Klasse
Ordnung
Unterordnung
Familie
Gattung
Art

Die Aufstellung ist so gehalten, daß die erstgenannte Gliederungseinheit die umfassendste, die nachfolgende die nächstkleinere in dem paläozoologischen System darstellt – und die Aufgabe des Bestimmens besteht darin, sich von Gliederungseinheit zu Gliederungseinheit allmählich bis zur Artzugehörigkeit des ins Auge gefaßten Fossils „vorzuarbeiten".
Voraussetzung für die richtige Bestimmung ist sorgfältiges Vergleichen, Erkennen von wesentlichen Merkmalen und ein gewisses Maß an Formenkenntnis, das man sich eigentlich nur durch entsprechende Literaturstudien und Betrachten (und Einprägen) abgebildeter und gut beschriebener Fossilien oder von Originalen erwerben kann. Zu empfehlen – und für den interessierten Laien für eine Bestimmung durchaus ausreichend – sind folgende Bücher:

Karl Beurlen: „Welche Versteinerung ist das?" Kosmos-Verlag, Stuttgart 1974.
Eberhard Fraas: „Der Petrefaktensammler". Kosmos-Verlag, Stuttgart, 1973.
und schließlich die zwar sehr guten, aber teuren Bände von Arno Hermann Müller: „Lehrbuch der Paläozoologie". Jena 1957.

Ein Beispiel für eine Fossilbestimmung

Um Ihnen die Angst vor der Bestimmungsaufgabe zu nehmen und um Ihnen quasi eine Art Arbeits- und Gebrauchsanleitung zu geben, wollen wir jetzt einmal gemeinsam den in Bild 44 abgebildeten Ammoniten bestimmen.
Faustregel Nr. 1: Versuchen Sie unbedingt schon im Gelände mit Hilfe der geologischen Karte die Formation und die Schichtstufe festzustellen, denn dadurch läßt sich in der Überfülle der Bereich, in dem wir zu suchen haben, gewaltig einengen.

Bild 35. *Belemnotheutis paxillosus* aus dem Lias γ, Nähe Schwäb. Gmünd.
Die Belemniten (belemnon = Wurfspeer) sind nahe Verwandte unserer heutigen Tintenfische. Vorn schiebt sich in den Belemnit ein Hohlkegel, der Phragmokon, der Kammerscheidewände zeigt wie die ausgestorbenen Orthoceren. An einer Seite schließt sich nach oben der Schulp an (Proostracum). Alle diese Hartteile lagen im Tier und waren von ihm umwachsen.
Im Lias γ finden sich teilweise ganze „Belemnitenschlachtfelder".

Bild 36. Ammonit *Platypleuroceras ratrix.* Lias γ, Hinterweiler.
Die im Querschnitt meist quadratischen oder seitlich etwas abgeflachten Windungen tragen auf den Flanken kräftige Einfachrippen, auf denen sich jeweils zwei Knoten befinden. Die Rippen verlaufen ohne Unterbrechung über die abgeflachte Externseite.

In unserem Fall handelt es sich um einen Fund aus dem Hauptmuschelkalk (Nodosuskalke mo_2).
Die ersten Schritte bei der Bestimmung sind einfach:
Reich: *Invertebrata* (Wirbellose).
Stamm: *Mollusca* (Weichtiere).
Klasse: *Cephalopoda* (Kopffüßler).
Schwierigkeiten macht eigentlich erst das Erkennen der nächsten Gliederungseinheit, der Ordnung, weil wir uns jetzt zwischen drei Ordnungen der Klasse Cephalopoda entscheiden müssen: Ordnung *Nautiloidea,* Ordnung *Ammonoidea,* Ober-Ordnung *Dibranchiata,* wobei letztere sofort ausgeklammert werden kann, weil es sich um Cephalopoden mit einer meist kalkigen inneren (Stütz-)-Schale handelt (Bild 35).
Es bleiben also noch die beiden Ordnungen Nautiloidea und Ammonoidea.
Die Ordnung Nautiloidea (s. dazu die Bilder 5 und 6) wiederum kann deswegen ausgeschieden werden, weil die Lobenlinie bei allen Unterordnungen einen einfa-

chen, maximal wellig verbogenen Verlauf, aber ganz bestimmt keine Zerschlitzung der Loben wie bei unserem Fund zeigt.

Es bleibt also die Ordnung Ammonoidea übrig und die Frage nach der Unterordnung, Familie, Gattung und schließlich der Art.

Versuchen wir einmal gemeinsam das Problem anzugehen.

Die Ordnung der Ammonoidea erreicht im Erdmittelalter (Mesozoikum) eine ungeheure Formenfülle, wobei (genau wie bei der Ordnung Nautiloidea) den verschiedenen Familien, Gattungen und Arten nur das in einer Ebene eingerollte Gehäuse gemeinsam ist.

Auffallendste Formunterschiede: Dünn- und dickschalige Gehäuse, weiter oder en-

Bild 37 (unten). Ammonit *Stephanoceras humphresianum.* Braunjura δ, Gosheim.
Merkmale: Gespaltene Flankenrippen, die über die Außenseite hinwegstreichen, Flankenknoten, an denen die Rippen sich teilen.
Bild 38 (rechts oben): Ammonit *Taramelliceras trachinotum.* Weißjura γ, Steinenkirch.
Merkmale: Engnabelig, hochmündig, dick scheibenförmig, kräftige, gespaltene Sichelrippen mit Randknoten. Extern mediane Knotenreihe.
Bild 39 (rechts unten). Ammonit *Psiloceras plicatum.* Lias α_1 , Psilonotenbank, Bebenhausen.
Merkmale: Weitnabelig, flach scheibenförmig, wenig umfassend, Windungen elliptisch.
Einfache Lobenlinie.

Bild 40 (oben). Ammonit *Lytoceras torulosum.* Braunjura α, Metzingen.
Die im Querschnitt fast kreisförmigen Windungen umfassen sich wenig. Nabel infolgedessen sehr weit. Die Oberfläche ist meist mit wulstartigen, über die Externseite verlaufenden Rippen bedeckt.

Bild 41 (unten). Die Entwicklung der Lobenlinie. Im Laufe der Stammesgeschichte der Cephalopoden (Kopffüßler) wird die Lobenlinie (Schnitt der Septalwand mit der Gehäusewand) bei der Ordnung Ammonoidea zunehmend komplizierter und erlaubt dadurch die Möglichkeit einer stratigraphischen Einordnung der gefundenen Fossilien (s. S. 63).

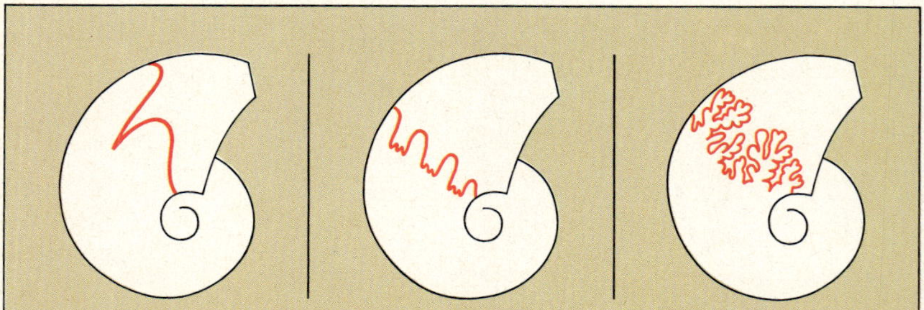

ger bzw. flacher oder tiefer Nabel, niedrige oder hohe Mündung von verschiedenstem Umriß, stark umfassende oder – das andere Extrem – sich kaum berührende Windungen, glattes oder skulptiertes Gehäuse, einfache, einfach oder mehrfach gegabelte Rippen usw. (Bild 4).

Lassen Sie sich aber bitte durch diese zahllosen Möglichkeiten nicht erschrecken, denn es gibt – auch für den Laien – den berühmten „roten Faden", mit dem er sich einen groben Überblick über dieses Formengewirr verschaffen kann. Es ist die Lobenlinie oder Sutur.

Darunter versteht man die Ansatzlinie der Kammerscheidewände an der inneren Gehäusewand. Bei Steinkernen (Bild 45) liegt sie frei zutage, bei Skulptursteinen (Bild 14) muß sie durch Abschleifen oder Wegätzen der Schale sichtbar gemacht werden. Diese Lobenlinie wird nun im Laufe der Ammonitenentwicklung immer stärker gegliedert.

Vereinfacht ausgedrückt: Bei den allermeisten paläozoischen Ammoniten (Unter-

Bild 42. *Anarcestes noeggerati* mit einfach gewölbter Lobenlinie. Unteres Mitteldevon von Ruppach, Hessen.

ordnung Bactritina, Anacerstina, Clymeniina und Goniatitina) sind die Kammerscheidewände mit Ausnahme einiger Endformen nur wellblechartig verbogen. Die Lobenlinie weist deshalb nur ganzrandige Verbiegungen auf, deren zur Mündung hin gebogene Elemente man als Sättel, die von der Mündung abgebogenen als Loben bezeichnet.

Vom Perm ab ist eine Zerschlitzung der Loben zu beobachten, während die Sättel noch glatt bleiben. Diese Form der Lobenlinie ist auch charakteristisch für alle Ammoniten der Trias (Muschelkalk-Zeit). Permische Ammoniten und Ammoniten aus der Trias lassen sich trotzdem gut voneinander unterscheiden, weil die permischen Formen glatte, die Triasformen skulptierte (mit Rippen, Dornen und Stacheln versehene) Gehäuseschalen besitzen. Typisch für die Skulpturentwicklung, die sich dann nochmals in der Jura-Kreide-Zeit wiederholt, ist die Entwicklung vom Einfachripper über den Spaltripper zum mehrfach gegabelten Spaltripper.

Bild 43 (links oben). *Goniatites crenistrie* mit goniatitischer Lobenlinie. Unterkarbon, Harz.
Bild 44 (links unten). *Ceratites nodosus* mit ceratitischer Lobenlinie. Obere Ceratitenschichten, Hallwangen bei Freudenstadt.
Bild 45 (unten). *Lytoceras germaini* mit ammonitischer Lobenlinie. Lias ζ, Holzmaden.

Bild 46 (links oben). *Ludwigia haugi haugi,* Sinon-Subzone, Wutach.
Merkmale der Gattung *Ludwigia:* Stark sichelförmig geschwungene Rippen, mäßig weitnabelig, hochmündig, glatter Kiel.
Bild 47 (links unten). *Aspidoceras schilleri,* Weißjura, Göppinger Alb.
Merkmale: Die Windungen des mäßig weit genabelten Gehäuses sind gerundet, quadratisch bis abgeflacht im Querschnitt. Berippung abgeschwächt. Auf den Flanken finden sich zwei Reihen von Knoten, von denen die äußere etwa in der Mitte liegt und bei manchen Arten bald verschwindet.
Bild 48 (rechts). Querschnitte durch *Ludwigia discites* und *Staufenia staufensis.* Auffallend bei beiden Ammoniten ist der glatte, scharfe Kiel und die Hochmündigkeit.
Bild 49 (unten). *Arietites* (*Vermiceras*) *spiratissimus.* Lias α_3, Jettenburg. Die Leitfossilien im Lias α_3 sind Ammoniten der Gattung *Arietites,* weitnablige Formen mit breiten kräftigen Rippen wie die Widderhörner (arietis = Widder) und auf der Außenseite einen Kiel, der oft von zwei Seitenfurchen begleitet ist, die aber gelegentlich auch fehlen können.

Zu Beginn der Jurazeit bis zum Aussterben der Ammoniten am Ende der Kreidezeit findet man praktisch nur noch Formen mit einer völlig zerschlitzten Lobenlinie. Die auch für einen Laien erkennbaren Unterschiede bestehen jetzt in der fortschreitenden Entwicklung der Skulptur (Einfachripper – Spaltripper – mehrfach gegabelte Spaltripper, Ausbildung von Dornen und Knoten) und Veränderungen des Gehäusetypus (weit- und engnabelig, hoch- und niedrigmündig, breite oder schmale Formen mit manchmal geradezu zugeschärfter Externseite (Bild 48), Formen mit oder ohne Kielbildung usw.).
Schauen wir uns nach diesem groben Überblick nochmals unser Fundstück an!
Die Ausbildung der Lobenlinie mit gezackten Loben und glatten Sätteln deutet auf eine Ammonitengattung hin, die nur zwischen Perm und Trias gelebt haben kann, denn ab der Liaszeit ist ja – wie schon erwähnt – die Lobenlinie völlig zerschlitzt. Die Permzeit scheidet aus, weil das Gehäuse nicht glatt, sondern skulptiert ist. Es kann sich bei unserem Fund deshalb nur um einen Vertreter der Unterordnung *Ceratitina* (= ceratitische Lobenlinie) und (aufgrund der starken Skulptierung des Gehäuses) der Oberfamilie *Ceratitaceae* – der Familie *Ceratidae* – der Gattung *Ceratites* und schließlich aufgrund der dicken, gerundet-quadratischen Windungen und der auffallend starken Gehäuserippen um die Art *Ceratites nodosus* handeln.
Die korrekte Bezeichnung für unseren Fund wäre also *Ceratites nodosus.*
Eine wichtige Regel für die Benennung, die Nomenklatur: Jede Art muß durch zwei Worte bezeichnet werden, wobei das erste Wort der Gattungsname (es soll immer ein lateinisches Wort in der Einzahl sein, das mit einem Großbuchstaben anfängt) und das zweite Wort (es beginnt mit einem Kleinbuchstaben, auch wenn es von einem Eigennamen abgeleitet ist) der Artname ist.
Damit es keine Mißverständnisse gibt: So leicht wie den *Ceratites nodosus* lassen sich nur wenige Fossilien bestimmen – und die Artbestimmung dürfte für viele Laien zu einer Art „Schallmauer“ werden, weil die dafür notwendige geologische Literatur nur in den seltensten Fällen zur Verfügung steht. Aber – wie gesagt – mit methodischem Vorgehen und detektivischer Kleinarbeit sollte die Gattung eigentlich in fast allen Fällen „drin“ sein.
Und noch etwas! Seien Sie bitte nicht so ehrgeizig zu meinen, daß bei jedem Ihrer Fossilien unbedingt der Artname dabeistehen muß. Wenn Sie nicht ganz sicher sind, dann begnügen Sie sich mit der Angabe der Gattung, denn die richtig angegeben ist wertvoller als ein großspurig vermerkter (aber falscher) Artname.

Bild 50 (rechts oben). *Oppelia hispida.* Weißjura α, Lautlingen.
Merkmale der Gattung: Engnablig, hochmündig, scheibenförmig, Kiel nicht glatt. Auffallend ist bei *Oppelia hispida* die deutlich ausgeprägte, randseitige Furche.
Bild 51 (rechts unten). *Amaltheus margaritatus.* Lias δ, Waldstetten, Ostalbkreis. Die dunklen Schiefertone des Lias δ (Amaltheenton) enthalten den Ammoniten *Amaltheus margaritatus* (= beperltes Füllhorn), der zu den schönsten Versteinerungen des Jura gehört. Seine typischen Merkmale: Engnabelig, hochmündig, gerippt und perlschnurförmiger Kiel.

Das Anlegen einer Sammlung

Wenn Sie die von Ihnen aufgesammelten Fossilien erst einmal in mühseliger Kleinarbeit präpariert und bestimmt haben, dann wird sich der letzte Schritt – das Anlegen einer Fossiliensammlung – ganz von selbst ergeben, denn wer von uns bewundert nicht gerne seine Schätze oder läßt sich selbst ein ganz klein wenig ob der gesammelten Kostbarkeiten und manuellen und geistigen Leistungen bewundern?
Der Anblick einer Sammlung soll – abgesehen von der Übersichtlichkeit – Freude bereiten, und deshalb sollte man über das Aufbewahren seiner Fundstücke in Papp-, Streichholz- und allen möglichen Plastik-Schachteln möglichst schnell hinauskommen. Wir sind nun mal in erster Linie Augenmenschen – und ein nett gedeckter und geschmückter Tisch läßt die gleiche Mahlzeit bestimmt noch mal so gut schmecken, als wenn sie lieblos auf einem Pappteller serviert wird.
Es empfiehlt sich deshalb, möglichst bald ein wenig Kapital in die Sammlung zu investieren und Kästchen verschiedener Größe aus Kunststoff zu kaufen. (Gut geeignet sind die in verschiedenen Größen über den Kosmos-Verlag beziehbaren Sammlungskästchen aus Kunststoff.)
Wie schon mehrmals erwähnt, sollte Fossilname, Formation bzw. Gesteinsschicht und Fundort jedes Fossils festgehalten werden. Hierfür eignen sich zum Beispiel gut Klebeetiketten, die man mit Schreibmaschine, Tusche oder Tinte beschriften und dann auf den Boden des Plastikkästchens kleben kann. Empfehlenswert ist noch, das Etikett mit einer durchsichtigen Plastik-Klebefolie zu überkleben und dadurch praktisch unbegrenzt haltbar zu machen.
Und noch etwas: Nehmen Sie am besten noch Ölfarbe, Tusche o. ä., numerieren Sie das Fossil auf der Rückseite und schreiben Sie diese Nummer auch auf die Klebeetikette, denn dann ist auch eine beim Großputz fallengelassene Sammlungsschublade kein „familiäres Unglück“.
Was auf dem Sammlungszettel unbedingt vermerkt werden muß:

1. Der Name des Fossils (Gattungs- und – falls bekannt – Artname und Autor),
2. die Formation bzw. die Gesteinsschicht und
3. der genaue Fundort.

Nach welchen Gesichtspunkten die Versteinerungssammlung geordnet wird, richtet sich nach den Zielen und den Interessen, die mit ihr verfolgt werden. Hierzu nur ein Ratschlag: Für den Liebhabersammler, der in erster Linie wohl in unmittelbarer Umgebung seines Wohnorts sammelt, dürfte es empfehlenswert sein, die Sammlung nach Fundorten und Schichten zu ordnen.
Besser als Regale, auf denen die Fossilien nur allzu leicht verstauben können, ist ein Sammlungsschrank, dessen Größe sich nach der zur Verfügung stehenden Stellfläche und der Zahl Ihrer gesammelten Fossilien richtet. Und ob der Schrank eine Sonderanfertigung ist oder fertig gekauft wird, ist letztlich eine Geschmacks- und

Geldfrage. (Folgende Firmen liefern Sammlungsschränke: Ekawerk 4934 Horn/Lippe, Postfach 89 und HADÜ-Lehrmittel GmbH 4000 Düsseldorf 1, Postfach 5129.)

Mente et malleo – Mit Verstand und Hammer

Unser Streifzug durch das Gebiet des Sammelns und Präparierens von Fossilien wäre damit zu Ende. Daß vieles nur gestreift, nur angedeutet werden konnte, wurde schon eingangs erwähnt, und der Anspruch auf eine „erschöpfende Gebrauchsanleitung" wurde auch nie erhoben.

Das Buch soll ganz einfach Ihr Interesse für die Wunderwelt der Fossilien wecken und erste Starthilfen beim Sammeln und Präparieren vermitteln. Wenn dies gelungen ist, sollte es mich freuen.

Und nun für Ihre Fossiliensuche und für Ihre Präparationsversuche „Glückauf".

Sachregister

Bücher für den Fossiliensammler

Welche Versteinerung ist das?

Prof. Dr. K. Beurlen

Eine eigenartige Schönheit, die Welt der Versteinerungen. Mehr als 800 charakteristische Fossilien (Pflanzen und Tiere) lassen sich anhand dieses Buches mit seinen klaren Zeichnungen bestimmen.
232 Seiten, 1400 Abbildungen.

Der Kosmos-Steinführer

Woolley / Bishop / Hamilton

Zum erstenmal in einem Band wird in diesem Kosmos-Führer ausführlich über Minerale, Gesteine und Versteinerungen berichtet. Durch die Gegenüberstellung von Text und Bild wird eine genaue Bestimmung von 834 brillant fotografierten Objekten möglich. Dieses einzigartige Bestimmungsbuch gehört in die Hand aller Steinfreunde.
318 Seiten, 370 Zeichnungen, 834 Objekte in Farbe.

Geologie

Die Geschichte der Erde und des Lebens

Prof. Dr. K. Beurlen

Der Autor zeigt, was wir in unserer engeren oder weiteren Heimat vom Ablauf geologischen Geschehens selbst beobachten und wie wir bei jedem Spaziergang Einblicke in die Vergangenheit der Erde gewinnen können.
318 Seiten, 158 ein- und zweifarbige Zeichnungen, 65 SW-Fotos, 22 Farbfotos, 5 ganzseitige Lebensbilder aus verschiedenen Zeitaltern.

Erhältlich in Ihrer Buchhandlung.

Bitte fordern Sie die ausführliche Informationsschrift P 302 an, die wir Ihnen gerne zuschicken.

Kosmos-Verlag · Postfach 640 · D-7000 Stuttgart 1

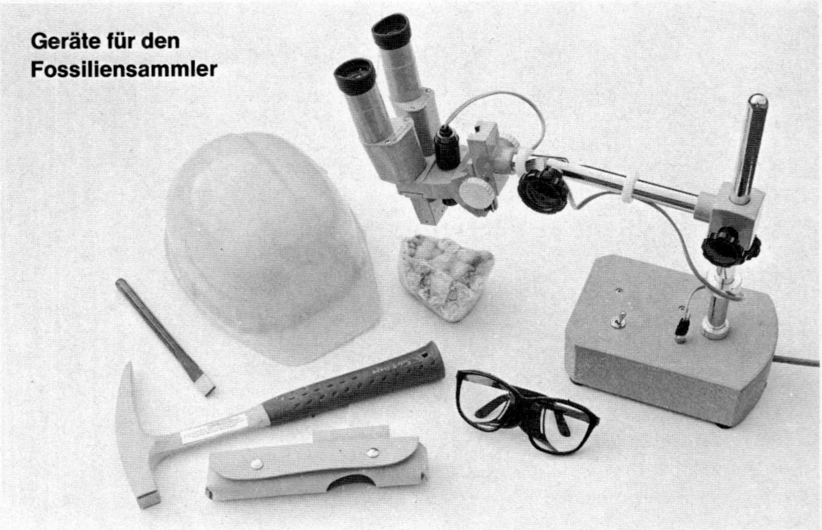
Geräte für den
Fossiliensammler